WARENWIRTSCHAFT: PRAXIS AM PC

Lexware warenwirtschaft pro 2009

© Neue Welt Verlag GmbH, Februar 2009

Gedruckt in Deutschland

Autor: Jörg Merk

www.neueweltverlag.de
info@neueweltverlag.de

Titelbild: © Yuri Arcurs - Fotolia.com

ISBN 978-3-937957-71-5
EAN 9783937957715

Inhaltsverzeichnis

Vorbereitende Arbeiten

Bevor Sie in der Lexware warenwirtschaft pro 2009 eine neue Firma anlegen, sollten Sie einige nützliche Vorarbeiten erledigen.

Erstellen Sie eine Checkliste mit den Unterlagen und Informationen, die Sie für die Einrichtung Ihrer Firma benötigen. Gliedern Sie die Unterlagen dabei nach den einzelnen Bereichen: Firma, Grundlagen, Stammdaten. Die folgende Übersicht mag dabei als Vorlage zur Orientierung dienen, wird aber sicherlich im Einzelfall um weitere Punkte zu ergänzen sein.

Mit welchem Kontenrahmen soll gearbeitet werden (SKR 03 oder SKR 04)? Fragen Sie im Zweifel Ihren Steuerberater.[1]

Mit welchem Geschäftsjahr wollen Sie anfangen?

Handelt es sich um eine Firmenneugründung oder übernehmen Sie eine laufende Warenwirtschaft (aus einer anderen Software)?

Welche Besonderheiten gibt es in der Warenwirtschaft (z.B. Sonderpreise, Seriennummern,.....)?

Werden zur Lexware warenwirtschaft pro weitere Programme (z.B. Lexware buchhalter pro) eingesetzt?

Sollen externe Programme (z.B. DATEV) mit Daten versorgt werden?

Sollen Daten aus anderen Programmen importiert werden (z.B. aus einem Internetshop oder aus Lieferantenpreislisten)?

Woher bekommen Sie die Unterlagen, die Sie für den Start benötigen (Kundenstamm, Artikeldaten, Preise,...)?

Wie soll das Programm installiert werden (Einplatz oder Mehrplatz)?

Welche Formularanpassungen sind erforderlich?

📁 **Wichtig**

Datensicherung: Gibt es ein Sicherungskonzept? Eine regelmäßige Datensicherung auf ein externes Medium ist zwingend erforderlich; eine Sicherung auf der Festplatte ist keinesfalls ausreichend.

📖 **Praxistipp**

Identifizieren Sie sich mit der Firma, für die Sie die Auftragsabwicklung machen. Gehen Sie durch, was diese Firma für ein Geschäft betreibt, welche Artikel verkauft werden und welche Leistungen separat berechnet werden (Versandkosten, Transportversicherung,...). Je besser Sie die Geschäftsabläufe des Betriebes kennen, desto

---

[1] Die Auswahl des Kontenrahmens ist auch für die warenwirtschaft pro von Bedeutung, da für die Übergabe der Ausgangsrechnungen in den buchhalter pro eine Kontenzuordnung zu den einzelnen Umsätzen ebenso erforderlich ist, wie für die Nutzung der DATEV-Schnittstelle.

leichter fällt es Ihnen, alle Informationen richtig zuzuordnen und Aufträge korrekt abzurechnen.

Zum 01.01.2008 gab es eine Reihe von gesetzlichen Änderungen, die auch Auswirkungen auf die Lexware warenwirtschaft pro 2008 haben. Aus diesem Grund wollen wir vorab auf die wichtigsten Neuerungen eingehen:

Mit SEPA[2] (Single Euro Payment Aera) wird der Inlandzahlungsverkehr in den nächsten Monaten auf IBAN und BIC umgestellt, wie Sie es bereits beim Auslandszahlungsverkehr kennen. Neben der Erfassung dieser zusätzlichen Informationen im Programm bei allen Kunden und Lieferanten, sind dadurch in Ihrer Firma auch eine Reihe von weiteren Umstellungen erforderlich:

- Ergänzung Ihrer eigenen IBAN und BIC auf Ihrem Briefpapier und in allen Formularen (Rechnung, Überweisungsvordrucke, etc.).

- Aktualisierung/Update Ihrer kaufmännischen Software

- Aktualisierung/Update Onlinebanking.

- Ergänzung von IBAN[3] und BIC bei Kunden, Lieferanten und Mitarbeitern (für die Lohnabrechnung).

🗁 Wichtig   **Vor Beginn der Arbeit mit dem Lexware warenwirtschaft pro 2009 installieren Sie bitte alle verfügbaren Servicepacks. Erstellen Sie vorab eine Datensicherung und richten Sie ein entsprechendes Verzeichnis zur regelmäßigen Sicherung ein. Dieses Verzeichnis muss dann, am Besten täglich, auf ein externes Medium (z.B. CD, DVD, Bandlaufwerk) gesichert werden.**

---

[2] Der Begriff **Single Euro Payments Area** (Einheitlicher Euro-Zahlungsverkehrsraum, abgekürzt **SEPA**) (fälschlicherweise auch *Single European Payments Area*) bezeichnet im Bankwesen das Projekt eines europaweit einheitlichen Zahlungsraums. In diesem Zahlungsraum sollen für Kunden keine Unterschiede mehr zwischen nationalen und grenzüberschreitenden Zahlungen bestehen.
Voraussichtlich werden 31 Länder an SEPA teilnehmen. Hierzu gehören die 27 Mitglieder der Europäischen Union und die vier Mitglieder der Europäischen Freihandelszone (EFTA). Unabhängig vom teilnehmenden Land und seiner Währung werden SEPA-Zahlungen nur in Euro ausgeführt.

Quelle: Wikipedia

[3] **IBAN** **I**nternational **B**ank **A**ccount **N**umber; weitere Infos dazu unter www.iban.de.
BIC **B**ank **I**dentifier **C**ode, siehe auch www.zahlungsverkehrsfragen.de/swift.html.

Allgemeines zum Lexware warenwirtschaft pro

Vorab einige grundlegende Informationen zur Bedienung der Lexware warenwirtschaft pro , der Einrichtung der Grunddaten und zur Datensicherung.

Z um Start des Lexware warenwirtschaft pro machen Sie einen Doppelklick auf das entsprechende Symbol auf Ihrem Arbeitsplatz. Bei einer Standardinstallation müssen Sie in der jetzt geöffneten Maske nur auf **OK** klicken und schon geht's los. Bei einer individuellen Installation müssen Sie Ihren Benutzer und Ihr Passwort eingeben. Bei einer individuellen Installation müssen Sie Ihren Benutzer und Ihr Passwort eingeben.

Nach der Installation ist noch kein Kennwort hinterlegt. Zum Programmstart einfach mit OK bestätigen.

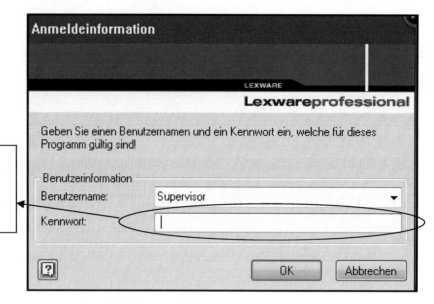

STARTBILD DES LEXWARE FINANCIAL OFFICE PRO / WARENWIRTSCHAFT PRO 2009. Wählen Sie den für Sie angelegten Benutzer und geben Sie Ihr Kennwort ein. Beim Erststart können Sie das Programm nur als Supervisor starten, ohne Kennwort.

Wie Sie bereits am Programmstart erkennen, wurde in der Version 2009 die Programmoberfläche komplett neu gestaltet.

Bevor Sie mit der Arbeit beginnen und eine eigene Firma anlegen, können Sie auch erst einmal die Musterfirma öffnen und sich mit den Musterdaten mit der Bedienung des Programms vertraut machen. Wir werden in unserem Beispiel gleich eine neue Firma anlegen und den Echtbetrieb aufnehmen.

□ **Praxistipp**

Selbstverständlich finden Sie auf der Lexware CD auch alle Handbücher als PDF-Datei und können hier bei Bedarf nachlesen oder einzelne Kapitel ausdrucken.

Nach einer Neuinstallation der Lexware warenwirtschaft pro 2009 finden Sie sich beim ersten Start des Programms in der folgenden Auswahl wieder, sofern Sie alle aktuellen Servicepacks installiert haben:

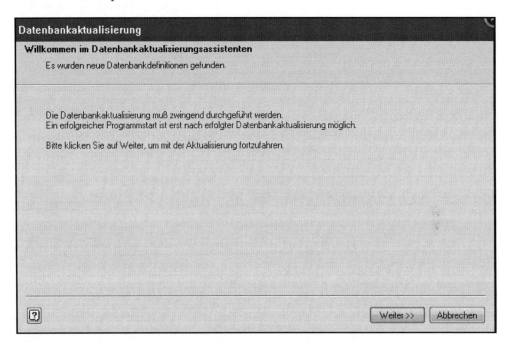

DATENBANKAKTUALISIERUNG. Wählen Sie weiter, um die Datenbank auf die aktuelle Programmversion zu aktualisieren.

Bei jedem Servicepack, das die Programmversion der Lexware warenwirtschaft pro verändert, ist eine Aktualisierung der Datenbank erforderlich. Damit Sie im Falle eines Programmabbruchs während dieser Aktualisierung nicht Ihre Daten verlieren, beginnt Lexware grundsätzlich jedes Update mit der Erstellung einer Datensicherung auf dem aktuellen Stand.

Da das Thema Datensicherung für jeden Buchhalter von elementarer Bedeutung ist, werden wir die folgenden Arbeitsschritte ausführlich erläutern.

Bitte lesen Sie die Hinweise zu den einzelnen Programmfunktionen, bevor Sie jeweils den nächsten Schritt bestätigen.

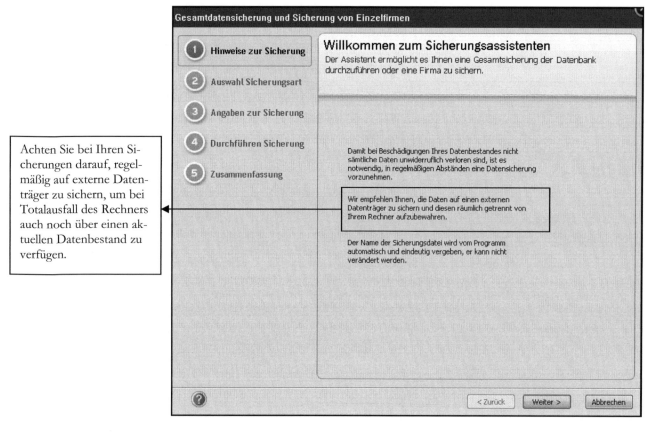

Achten Sie bei Ihren Sicherungen darauf, regelmäßig auf externe Datenträger zu sichern, um bei Totalausfall des Rechners auch noch über einen aktuellen Datenbestand zu verfügen.

SICHERUNGSASSISTENT 1. Beachten Sie die Hinweise zur Datensicherung. Wenn Sie Fragen haben zum Datensicherungskonzept, wir beraten Sie gerne.

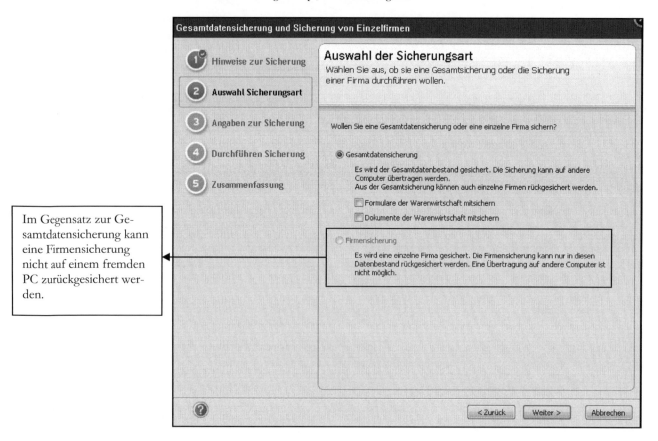

Im Gegensatz zur Gesamtdatensicherung kann eine Firmensicherung nicht auf einem fremden PC zurückgesichert werden.

SICHERUNGSASSISTENT 2. Empfehlenswert ist es, grundsätzlich eine Gesamtdatensicherung anzulegen und nur im Falle einer Rücksicherung bei Bedarf eine einzelne Firma zurückzusichern.

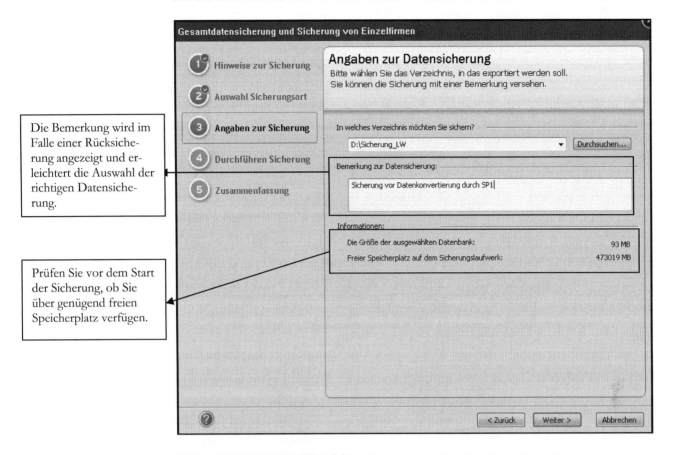

Die Bemerkung wird im Falle einer Rücksicherung angezeigt und erleichtert die Auswahl der richtigen Datensicherung.

Prüfen Sie vor dem Start der Sicherung, ob Sie über genügend freien Speicherplatz verfügen.

SICHERUNGSASSISTENT 3. Geben Sie hier das Verzeichnis für die Datensicherung ein.

Wenn Sie, wie in unserem Beispiel, auf die lokale Festplatte sichern, vergessen Sie bitte nicht, die Datensicherung(en) in regelmäßigen Abständen auf CD oder DVD zu brennen und zu archivieren.

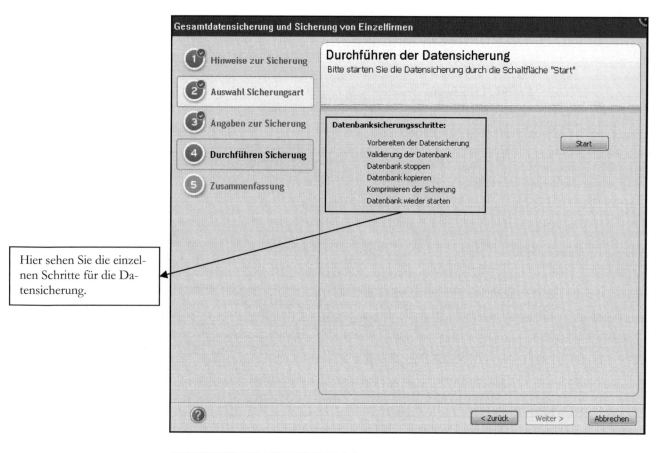

Hier sehen Sie die einzelnen Schritte für die Datensicherung.

SICHERUNGSASSISTENT 4. Über die Schaltfläche Start beginnen Sie die Datensicherung.

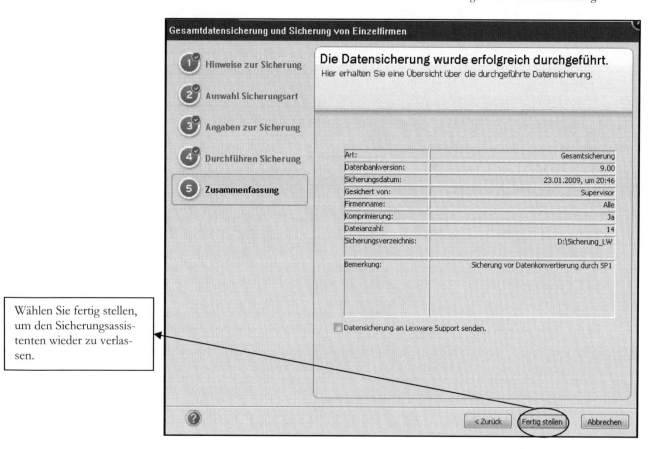

Wählen Sie fertig stellen, um den Sicherungsassistenten wieder zu verlassen.

SICHERUNGSASSISTENT 5. Zum Abschluss noch die Detailinfo zu Ihrer Sicherung.

Nach der Datensicherung wird die Datenkonvertierung automatisch fortgesetzt.

Bitte prüfen Sie vor dem Beenden, ob auch alle Schritte korrekt ausgeführt wurden.

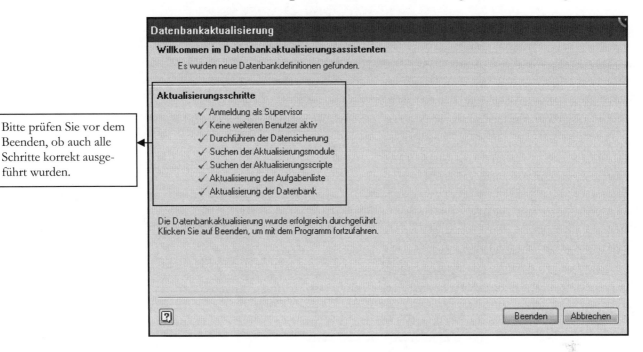

DATENBANKAKTUALISIERUNG. Klicken Sie auf Beenden, um die Datenaktualisierung abzuschließen.

Wir erläutern kurz an Hand der Musterfirma die Navigation im Programm.

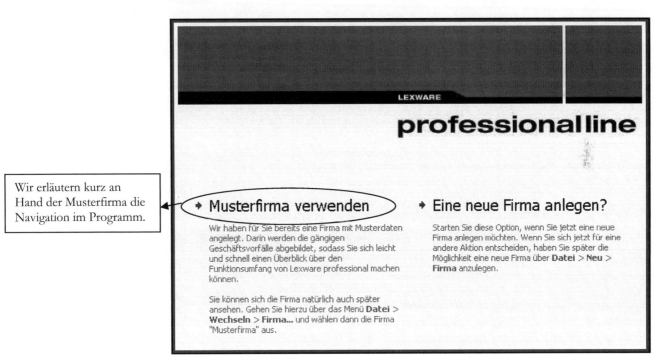

STARTBILD LEXWARE BUCHHALTER PRO 2009. Wählen Sie die Musterfirma oder legen Sie eine neue Firma an.

🗁 **Wichtig**

Die Musterfirma dient lediglich dazu, sich mit dem Programm vertraut zu machen; Sie eignet sich nicht als Vorlage für Ihre eigene Firma, da es durch die hier bereits erfassten Daten immer wieder zu Problemen kommen würde. Zur Anlage Ihrer eigenen Firma fangen Sie bitte grundsätzlich mit der Auswahl **"Eine neue Firma anlegen"** an.

In der Kopfzeile sehen Sie immer, welche Firma geöffnet ist und welcher Benutzer gerade angemeldet ist.

Mit **F10** oder per Mausklick können Sie die Hauptnavigation (den Menübaum) öffnen.

In der Mitte haben Sie die einzelnen Programmteile im Überblick.

Der Lexware scout unterstützt Sie in allen Bereichen bei der Überprüfung Ihrer Daten.

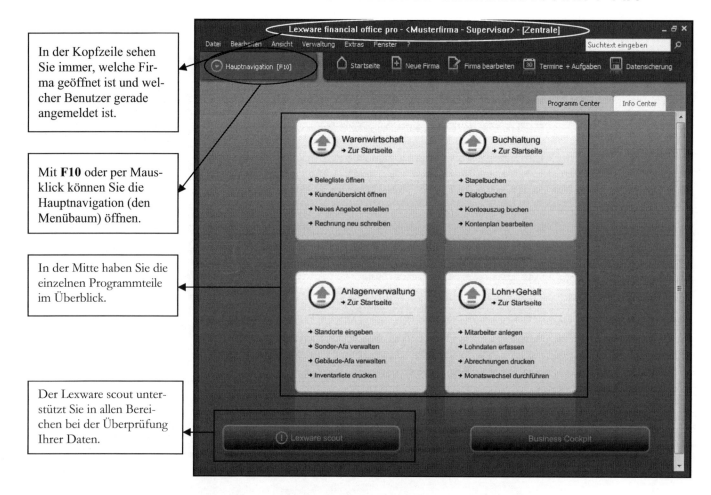

GRUNDMASKE IN LEXWARE FINACIAL OFFICE PRO 2009. Die Programmoberfläche wurde komplett neu gestaltet und strukturiert.

📖 **Praxistipp**

Wichtig bei der täglichen Arbeit später ist vor allem, beim Programmstart zu beachten, in welcher Firma Sie sich befinden. Wenn Sie Ihre Aufträge versehentlich in der Musterfirma erfassen, dann müssen Sie das ganze später in der richtigen Firma wiederholen. Haben Sie aber mehrere Mandanten (Firmen), dann müssten Sie nach Erfassung in einer falschen Firma eine Datensicherung zurückspielen.

Im Kopfbereich haben Sie, wie in Windowsprogrammen üblich, ein so genanntes Pulldown Menü. In der Zeile darunter wurden einige wichtige Programmfunktionen besonders hervorgehoben. Unter anderem die Anlage einer neuen Firma und die Datensicherung.

Wenn Sie die Hauptnavigation aufklappen und sich die einzelnen Pulldown-Menüs anschauen, wird Ihnen, sofern Sie bereits mit einer älteren Programmversion gearbeitet haben, alles gleich wieder sehr viel vertrauter vorkommen, als in der Übersicht. Die Menüstruktur ist im wesentlichen gleich geblieben, so dass Ihnen die Arbeit nach einer kurzen Umgewöhnungszeit wieder wie gewohnt von der Hand gehen wird.

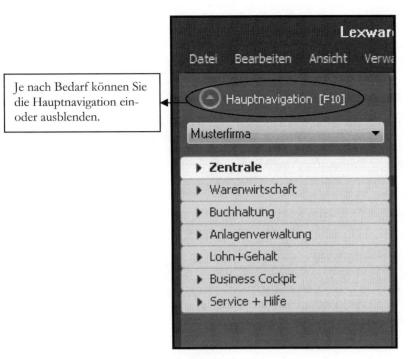

Je nach Bedarf können Sie die Hauptnavigation ein- oder ausblenden.

HAUPTNAVIGATION. Aufgeklappt sieht die Hauptnavigation gleich sehr viel vertrauter aus.

Der Vorteil an der Möglichkeit die Hauptnavigation einzuklappen besteht darin, dass die Arbeitsfläche automatisch größer wird. Dadurch wird der Bildschirm übersichtlicher.

Diese Auswahl finden Sie unter dem Begriff Datei.

Über das Fragezeichen finden Sie Hilfe, Support, Infos zum Versionsstand und den Online Support mit Fragen und Antworten.

Überall, wo Sie rechts einen Pfeil finden, lässt sich auch noch ein Untermenü öffnen mit weiteren Programmpunkten.

AUFGEKLAPPTES MENUE. Hinter einigen Menüpunkten finden Sie einen Pfeil, mit dem Sie ein Untermenü öffnen können.

Neben der Bedienung mit der Maus, gibt es auch einige hilfreiche Funktionen und Kurzbefehle, die mit der Tastatur ausgeführt werden. Die wichtigsten werden wir vorab erläutern:

F1: Mit drücken der F1-Taste kommen Sie immer in die Hilfe; im Menü aufgerufen landen Sie in der Hilfe zum jeweiligen Menü; aus einem Eingabefeld heraus aufgerufen finden Sie eine kontextbezogene Hilfe. Alternativ können Sie auch in der oberen Menüleiste des Programms auf das Fragezeichen klicken und ein Hilfethema auswählen.

F3: Auswahlliste öffnen.

Alt + unterstrichener Buchstabe: öffnet das entsprechende Menü. Neuerdings wird der Unterstrich erst angezeigt, wenn Sie die Alt-Taste drücken (zumindest unter Windows Vista).

Tabulator: springt ein Feld weiter.

Shift (Umschalt) + Tabulator: geht ein Feld zurück.

← oder →: bewegt den Cursor innerhalb eines Feldes.

ENTER: bestätigt eine Eingabe und springt ein Feld weiter oder schließt eine Position ab.

In den Lexware Programmen sind automatisch alle Windows Drucker verfügbar, die am Arbeitsplatz eingerichtet sind. Eine spezielle Einrichtung für das Programm ist nicht erforderlich.

Wenn Sie das Programm neu installiert haben, kommt in der Regel eine Meldung für die Suche nach automatischen Updates. Sobald Sie die Abfrage bestätigen, werden Sie vom Programm schrittweise durch das Programm geführt. Ich empfehle Ihnen, alle verfügbaren Updates zu installieren, bevor Sie mit der Anlage einer eigenen Firma und der Erfassung Ihrer Daten beginnen.

Anlage einer eigenen Firma

*Hier richten wir unsere eigene Firma ein, mit allen für
die Warenwirtschaft wichtigen Grundlagen.*

Zur Neuanlage einer Firma in der Lexware warenwirtschaft pro 2009 legen
Sie sich bitte die Steuernummer und die Adressdaten der Firma zurecht.
Ferner müssen Sie wissen, welchen Kontenrahmen Sie verwenden möchten und ob Sie eine Einnahmen- Überschuss- Rechnung machen wollen,
oder eine doppelte Buchführung mit Bilanz. Die Basis für die Neuanlage einer Firma bildet immer die Finanzbuchhaltung.

Wählen Sie im Menü unter **Datei → Neu → Firma** um eine neue Firma anzulegen
oder klicken Sie in der neuen Kopfzeile auf das Symbol für neue Firma oder starten
Sie das Programm neu und wählen Sie dann "eine neue Firma anlegen".

Hier legen Sie eine neue
Firma an. Sie können im
Programm beliebig viele
Firmen anlegen.

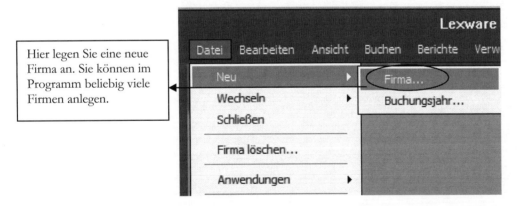

NEUE FIRMA ANLEGEN. Wählen Sie **Datei →Neu → Firma** um eine neue Firma anzulegen.

FIRMENNEUANLAGE. Achten Sie vor allem bei Netzwerkinstallationen darauf, dass Sie auf dem Server über die notwendigen Rechte verfügen, neue Ordner und Dateien anzulegen. Wählen Sie OK, um fortzufahren.

Im ersten Schritt wird von der Lexware warenwirtschaft pro eine neue Datenbank mit allen erforderlichen Tabellen angelegt. Im nächsten Schritt werden Sie vom Programm durch alle für die Firmenanlage erforderlichen Masken geführt, um Ihre Eingaben zu machen. Daten, die zu diesem Zeitpunkt nicht bekannt sind, können später noch über **Bearbeiten → Firmenangaben** ergänzt werden.

In der Übersicht sehen Sie, für welche Daten eine eigene Eingabemaske verfügbar ist. Dabei ist es jederzeit möglich, fehlende Daten zu ergänzen, z.B. wenn Sie später noch die Warenwirtschaft nachinstallieren.

Neu ist das Feld Steuer-ID. Diese Nummer wird vom Finanzamt vergeben und ist für die Einnahme-Überschuss-Rechnung erforderlich.

Das Jahr der Euroumstellung ist fest hinterlegt und erforderlich für alle Buchhaltungen, die bereits vor dem 01.01.2002 angefangen haben.

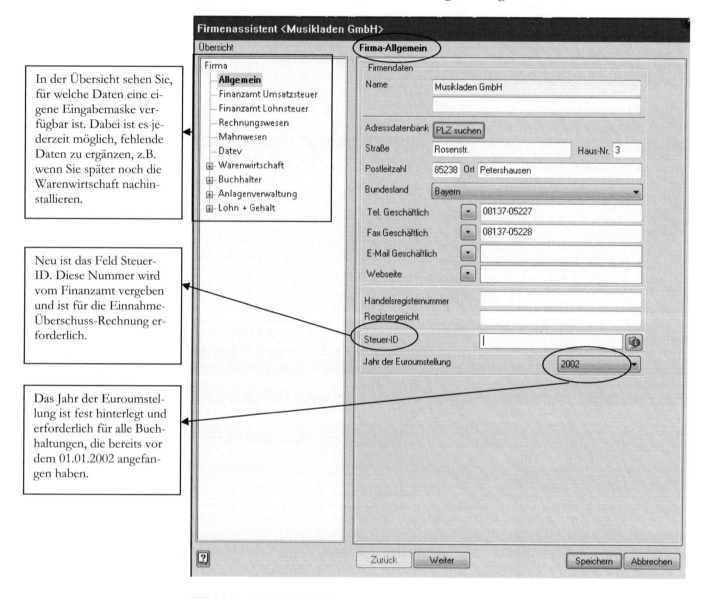

FIRMA - ALLGEMEIN. Hier erfassen Sie die Adressdaten und, soweit vorhanden und bekannt, die Handelsregisternummer und das dazugehörige Registergericht (in der Regel Amtsgericht), bei dem die Firma eingetragen ist.

Unter Firma allgemein erfassen Sie die Adress- und Kommunikationsdaten Ihrer Firma. Dabei ist es auch möglich, mehrere Telefon- und Faxnummern zu erfassen. Soweit vorhanden, können Sie hier auch die Handelsregisternummer und das Registergericht eintragen.

Wenn Sie alle erforderlichen Daten erfasst haben, kommen Sie mit weiter auf die nächste Seite und können so systematisch alle Eingaben machen. Wenn Sie später Daten ändern oder nach erfassen wollen, können Sie auch gleich über die Baumstruktur auf der linken Seite die gewünschte Maske öffnen und müssen nicht noch einmal durch alle Seite durch. Auf der nächsten Seite geht es weiter mit dem Finanzamt für die Umsatzsteuer.

Die Nummer vom Finanzamt können Sie im Zweifel telefonisch erfragen. Klicken Sie nach Eingabe der Nummer auf Finanzamt auswählen, um alle Daten aus der Datenbank zu übernehmen.

Wählen Sie Ihr Bundesland aus. Das Bundesland wird gegen die Steuernummer geprüft.

Geben Sie hier die Steuernummer für die Umsatzsteuer ein. Das Format der Steuernummer ist abhängig vom Bundesland. Die ersten 3 Stellen sind die letzten 3 Stellen der FA-Nummer. Bitte verwenden Sie als Trennung nur Leerzeichen, keine Sonderzeichen.

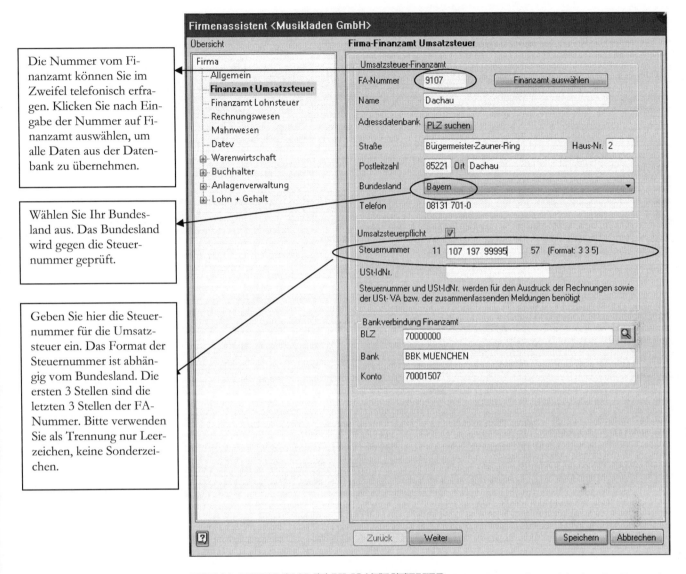

FIRMA FINANZAMT UMSATZSTEUER. Achten Sie vor allem auf das korrekte Format der Steuernummer und die Auswahl des richtigen Bundeslandes.

Im oberen Teil erfassen Sie die Nummer und Anschrift Ihres Finanzamtes. Danach das Bundesland. Beachten Sie, dass durch die Auswahl des Bundeslandes das Format für die Steuernummer vorgegeben wird. D.h. das System und später auch das Elsterprogramm für die elektronische Weitergabe der Umsatzsteuervoranmeldung prüfen ab, ob die eingetragene Steuernummer dem Format des Bundeslandes entspricht und auch zum angegebenen Finanzamt passt.

📖 **Praxistipp**

Für manche Finanzämter gibt es 2 Finanzamtsnummern. Wenn Sie bei der Übertragung der UVA per Elster eine Fehlermeldung bekommen "Steuernummer passt nicht zum Finanzamt", dann prüfen Sie, ob dieses Finanzamt noch eine andere Nummer hat.

Soweit vorhanden, können Sie auch noch Ihre Umsatzsteuer Identnummer eintragen. Die Bankverbindung Ihres Finanzamtes wird bei der Eingabe der Nummer automatisch aus dem im Programm hinterlegten Datenbestand der Finanzämter übernommen.

Auf die Erfassung der Angaben für die Lohnsteuer verzichten wir an dieser Stelle. Optional können Sie die bereits für die Buchhaltung erfassten Daten übernehmen.

Wir haben für unser Schulungshandbuch den SKR03 gewählt. Durch die Auswahl "neuen Kontenrahmen anlegen" wird ein leerer Standardkontenrahmen angelegt.

Die Auswahl bestehenden Kontenrahmen übernehmen bietet sich an, wenn Sie mehrere Firmen haben und bereits Anpassungen im Kontenrahmen vorgenommen haben. Dann können Sie auf diese Weise Ihren individuellen Kontenrahmen kopieren.

Mit maximal 5 Stellen hält sich der Kontenrahmen an die DATEV Vorgabe der Nummernkreise.

Unser Wirtschaftsjahr entspricht dem Kalenderjahr.

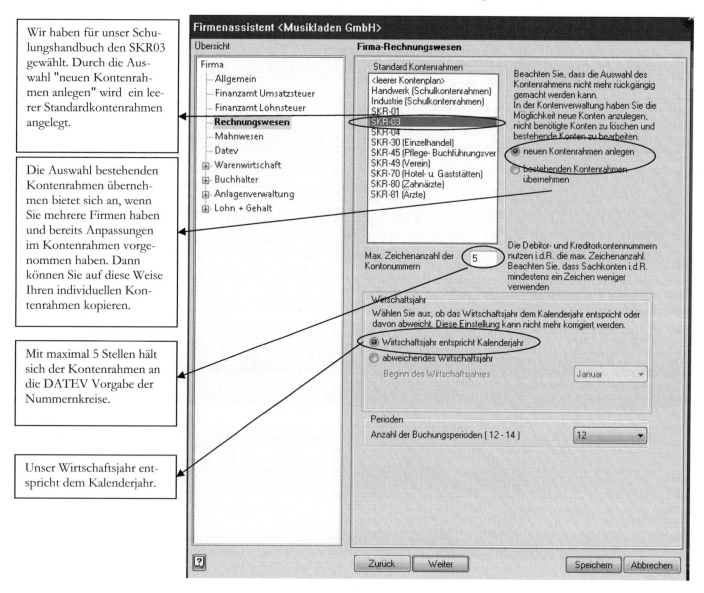

FIRMA RECHNUNGSWESEN. Erfassen Sie die Daten auf der Seite Rechnungswesen mit ganz besonderer Sorgfalt. Eine nachträgliche Änderung ist hier nicht mehr möglich.

Wie wähle ich den richtigen Kontenrahmen[4] aus?

Auch, wenn Sie nur mit der Warenwirtschaft arbeiten, benötigen Sie einen Kontenrahmen. Sonst haben Sie später bei der Anlage der Artikelgruppen nicht die Möglichkeit, ein Erlöskonto zuzuordnen. Dann können Sie auch die DATEV-

---

[4] Bei der DATEV sind die Sachkonten 4-stellig von 1-9999, die Kunden (Debitoren) haben den Nummernkreis von 10000 – 69999 und die Lieferanten (Kreditoren) von 70000 – 99999. Auf diese Weise ist über die Kontonummer sofort erkennbar, ob es sich um ein Sachkonto, einen Kunden oder einen Lieferanten handelt.

Schnittstelle nicht nutzen, um das Rechnungsausgangsbuch in elektronischer Form an Ihren Steuerberater weiterzugeben.

Wir haben uns in diesem Handbuch für den SKR 03 entschieden. Um Ihnen unsere Auswahl zu erläutern, vorab ein Portrait der Firma, mit der wir diesen Kurs bestreiten werden.

Die Firma Musikladen GmbH ist ein Unternehmen mit 3 Mitarbeitern, das Hi-Fi-Boxen produziert. Daneben werden komplette Stereoanlagen und CDs und Videos verkauft. Wir beginnen mit unserer Warenwirtschaft zum 01.01.2009.

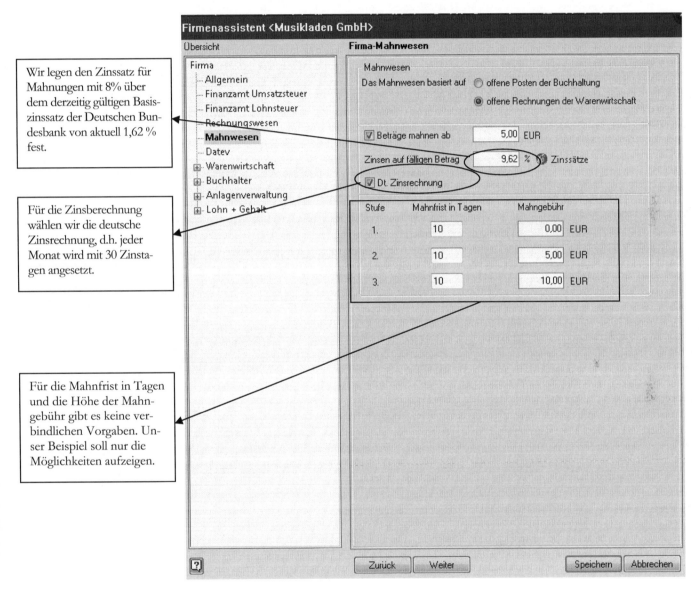

Wir legen den Zinssatz für Mahnungen mit 8% über dem derzeitig gültigen Basiszinssatz der Deutschen Bundesbank von aktuell 1,62 % fest.

Für die Zinsberechnung wählen wir die deutsche Zinsrechnung, d.h. jeder Monat wird mit 30 Zinstagen angesetzt.

Für die Mahnfrist in Tagen und die Höhe der Mahngebühr gibt es keine verbindlichen Vorgaben. Unser Beispiel soll nur die Möglichkeiten aufzeigen.

FIRMA MAHNWESEN. Die hier erfassten Angaben für das Mahnwesen können jederzeit verändert werden.

Legen Sie jetzt die Grundlagen für das Mahnwesen fest. In unserem Fall arbeiten wir nur mit der Warenwirtschaft, also dienen uns als Basis für das Mahnwesen die offenen Posten der Warenwirtschaft. Wir berechnen Zinsen mit 8% über dem aktuellen Satz der Bundesbank und arbeiten nach der deutschen Zinsberechnungsmethode.

Den Mindestmahnbetrag setzen wir auf EUR 5,00. Dieses Grenze ist individuell sehr verschieden und hängt nicht zuletzt auch von der Höhe der Rechnungen ab, die Sie stellen und von den Kosten der Mahnung. Wenn Sie per Post mahnen kostet eine Mahnung mit Porto und Bearbeitung zwischen EUR 3,00 und EUR 5,00 pro Mahnung, bei Versand per Fax oder Mail ist es deutlich günstiger. Die Mahnintervalle und Mahngebühren sind ebenfalls sehr individuell. Wenn wir vom Versand der Mahnung per Post ausgehen, dauert es ca. 3 Tage, bis der Empfänger die Mahnung bearbeiten kann, dann noch einmal max. 3 Tage für die Überweisung. Wenn Sie jetzt noch ein Wochenende dazurechnen, sehen Sie, dass ein Abstand von weniger als 10 Tagen zwischen den einzelnen Mahnungen nicht sinnvoll ist und nur Kosten verursacht.

Jetzt kommt der Teil der Daten, die ausschließlich die Warenwirtschaft betreffen. Im allgemeinen Teil legen Sie die Belegkreise für die Finanzbuchhaltung für Einkauf und Verkauf fest und haben die Möglichkeit, ein Projektziel zu definieren. In unserem Beispiel wollen wir bei jedem Projekt einen Rohgewinn von mindestens 25% des Auftragswertes erzielen.

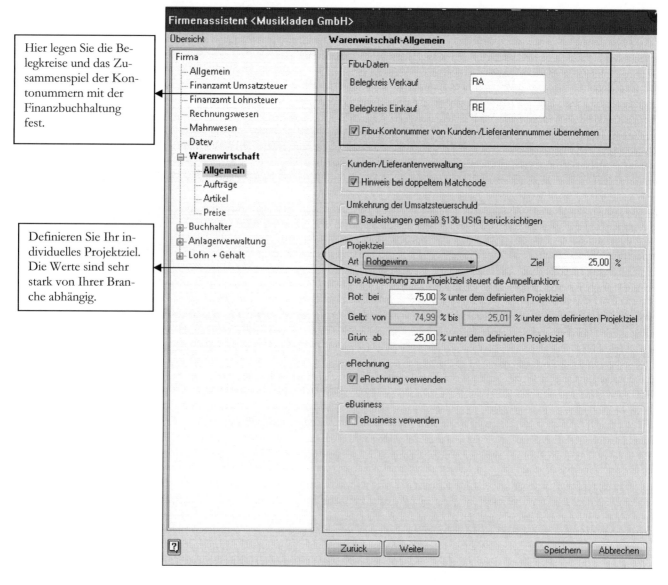

Hier legen Sie die Belegkreise und das Zusammenspiel der Kontonummern mit der Finanzbuchhaltung fest.

Definieren Sie Ihr individuelles Projektziel. Die Werte sind sehr stark von Ihrer Branche abhängig.

WARENWIRTSCHAFT -ALLGEMEIN. Erfassen Sie hier die Belegkreis für Ein- und Verkauf und legen Sie Ihr Projektziel fest.

Fibu-Daten: Hier legen Sie für die Belegkreise eigene Kürzel fest. Wir verwenden **RA** für **Verkauf** und **RE** für **Einkauf**. Wichtig ist vor allem die Festlegung, dass die Kontonummern in der Buchhaltung identisch sind mit den Kunden- und Lieferantennummern.[5]

Kunden-/Lieferantenverwaltung: Nachdem der Matchcode als Suchfunktion genutzt wird, können Sie sich einen Hinweis anzeigen lassen, wenn Sie einen Matchcode wiederholt identisch anlegen.

Umkehr der Umsatzsteuerschuld: Mit diesem Schalter aktivieren Sie zusätzliche Programmfunktionen, die Sie nur benötigen, wenn Sie Bauleistungen nach §13b des Umsatzsteuergesetzes erbringen.[6]

Projektziel: Wenn Sie im Programm mit Projekten arbeiten wollen, besteht hier die Möglichkeit, Projektziele vorzugeben. In der Projektverwaltung wird dann automatisch mit Hilfe einer so genannten Ampelfunktion angezeigt, ob ein Projekt im Plan ist, oder nicht. Die Zielvorgabe ist sehr stark von der Branche und Ihren persönlichen Vorstellungen abhängig.

eRechnung: Optional können Sie auch einen elektronischen Rechnungsversand einrichten. Dafür gibt es ganz bestimmte gesetzliche Vorschriften, die zu beachten sind. So ist ein gültiger Versand von Rechnungen nur in Verbindung mit einer elektronischen Signatur zulässig, und die elektronisch versendeten Belege sind zu archivieren.[7]

eBusiness: Schaltet zusätzliche Funktionen für eine Internetshopanbindung frei.

---

[5] Ohne diese Festlegung haben Sie in beiden Bereichen unterschiedliche Nummernkreise. Eine solche Vorgehensweise wäre nur sinnvoll, wenn Sie mehrere Kunden oder Lieferanten in der Buchhaltung auf einem Konto zusammenfassen wollen.

[6] Das betrifft in erster Linie Firmen, die dem Baugewerbe oder Baunebengewerbe zuzuordnen sind. Im Zweifel wenden Sie sich bitte an Ihr zuständiges Finanzamt oder Ihren Steuerberater.

[7] Weitere Einzelheiten finden Sie in der Abgabenordnung und im Umsatzsteuergesetz.

Setzen Sie das Häkchen, um später im Auftrag die Positionsnummern jederzeit verändern zu können.

Mit Hilfe dieser Einstellungen können Sie die Gewährung von Rabatten auf Lohn- und Nebenleistungen generell unterbinden.

Hier legen Sie Bearbeiter, Lieferarten und Einheiten an, die Sie für die Auftragsbearbeitung benötigen.

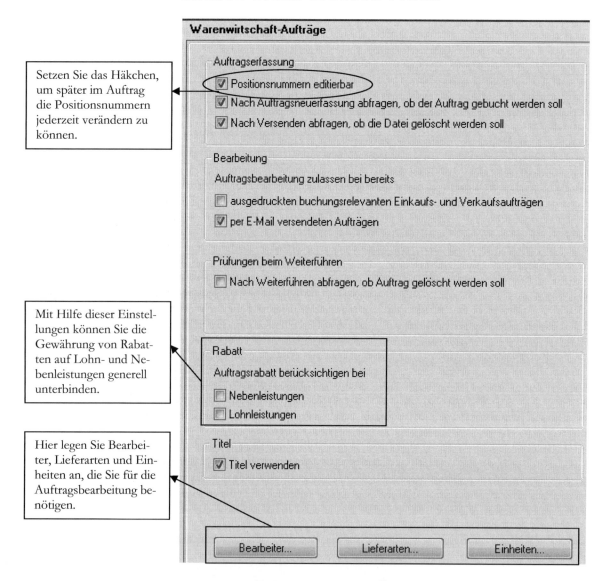

WARENWIRTSCHAFT -AUFTRÄGE. Unter Aufträge legen Sie bestimmte Grundeinstellungen fest, die Auswirkungen auf die gesamte Auftragsbearbeitung haben.

Insbesondere bei Netzwerkinstallationen können Sie mit Hilfe der Einstellungen in den Firmenangaben einen groben Rahmen für die Arbeit vorgeben. Dabei ist es wichtig, dass Sie für den Sachbearbeiter den Bereich **Firma bearbeiten** mit Hilfe der Benutzerverwaltung sperren, um zu verhindern, dass jeder in der Lage ist, die Einstellungen zu verändern.

Wichtig vor allem: Hier in den Firmenangaben legen Sie auch Ihre Bearbeiter an, die Lieferarten und die Einheiten (Stck für Stück, KG für Kilogramm, lfm für Laufmeter...) die Sie später für die Anlage Ihrer Artikel benötigen. Für die Anlage der erforderlichen Einheiten werfen Sie am Besten einen Blick in Ihre Preisliste, um zu sehen, welche Einheiten Sie benötigen.

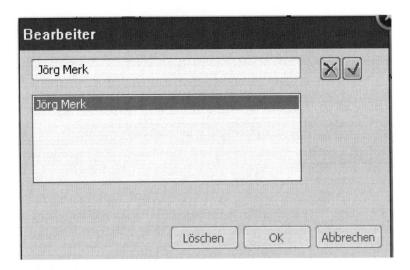

BEARBEITER. Erfassen Sie hier alle Bearbeiter. Der Bearbeiter wird später im Vorgang mit angedruckt

Legen Sie sich selbst als Bearbeiter an und erfassen Sie zumindest ein oder 2 Einheiten.

Unter Lieferarten können Sie Ihre gängigen Lieferarten erfassen und später im Auftrag (und/oder Lieferschein) zuordnen.

Alle erfassten Lieferarten stehen Ihnen später in der Vorgangserfassung zur Verfügung.

Sie können bereits angelegte Lieferarten auch wieder löschen.

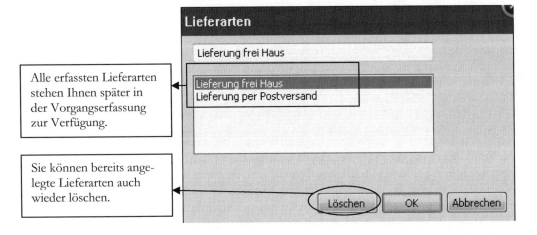

LIEFERARTEN. Erfassen Sie hier alle erforderlichen Lieferarten. Die eigentliche Zuordnung erfolgt im Vorgang.

Unter Einheiten legen Sie alle Mengeneinheiten an, die Sie später im Artikelstamm[8] für Ihre Artikel benötigen.

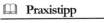 **Praxistipp**

Bitte denken Sie bei der Anlage neuer Mengeneinheiten daran, dass der Platz in den Formularen begrenzt ist. Aus diesem Grund sollten Sie sich bei der Bezeichnung für die Mengeneinheiten mit gebräuchlichen Abkürzungen begnügen und maximal 5-6 Zeichen verwenden. Sonst wird ein Teil vom Text beim Ausdruck abgeschnitten.

---

[8] Wenn auch vom Programm nicht zwingend abgeprüft, schreibt doch die Abgabenordnung klar vor, dass alle Artikel nach Art, Bezeichnung und Menge genau zu bezeichnen sind. Dazu gehört im Zweifel auch die Mengeneinheit.

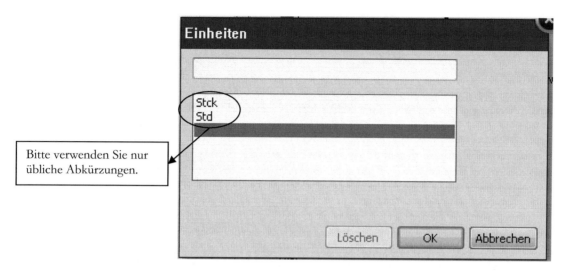

Bitte verwenden Sie nur übliche Abkürzungen.

EINHEITEN. Legen Sie die benötigten Einheiten mit einem Kürzel an.

Auf der nächsten Seite, Artikel, geben Sie Details für die Lagerbuchhaltung vor. Diese Angaben sind individuell von der Struktur Ihres Unternehmens abhängig.

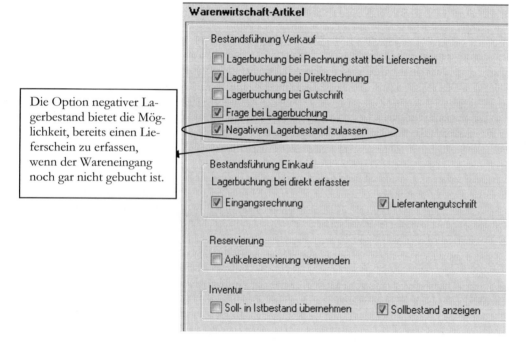

Die Option negativer Lagerbestand bietet die Möglichkeit, bereits einen Lieferschein zu erfassen, wenn der Wareneingang noch gar nicht gebucht ist.

WARENWIRTSCHAFT -ARTIKEL. Die Bestandsführung ist individuell an Ihre Bedürfnisse anzupassen.

Bestandsführung: Hier legen Sie fest, bei welcher Vorgangsart Bestandsveränderungen gebucht werden sollen. Optional steht Ihnen auch noch eine manuelle Lagerbuchung für Korrekturen zur Verfügung.

Negativen Lagerbestand zulassen: Diese Option gibt Ihnen die Möglichkeit, im Programm einen Lieferschein zu erstellen, obwohl die Ware noch nicht als Wareneingang erfasst ist.[9]

---

[9] Diese Konstellation treffen Sie z.B. beim Streckengeschäft an, wo die Lieferung direkt vom Ihrem Lieferanten zu Ihrem Kunden geht und Sie die Rechnung an den Kunden schreiben.

Reservierung: Optional haben Sie die Möglichkeit, bereits bei Erfassung eines Auftrages die erforderlichen Mengen im Artikelbestand für diesen Auftrag zu reservieren. Auf diese Weise wird der verfügbare Bestand bereits durch die Auftragserfassung reduziert.

Wichtig an dieser Stelle: Die Verwendung von Seriennummern im Artikelstamm ist nicht mit einem negativen Lagerbestand kombinierbar.

Jetzt kommen wir zum Herzstück der Warenwirtschaft: Zur Festlegung der Preisgestaltung.

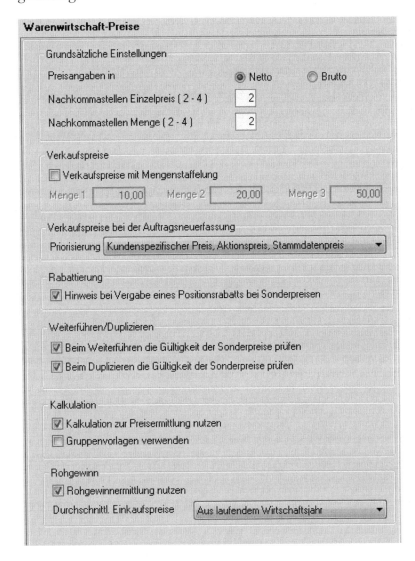

WARENWIRTSCHAFT -ALLGEMEIN. Erfassen Sie hier die Belegkreis für Ein- und Verkauf

Grundsätzliches: Hier legen Sie fest, ob Sie mit Bruttopreisen (inkl. MwSt.) oder Nettopreisen (zuzüglich MwSt.) arbeiten wollen und wie viele Nachkommastellen Sie für die Einzelpreise verwenden.[10]

---

[10] Neben der Unterscheidung Firmenkunde oder Endverbraucher spielt hier auch die Branche eine Rolle. So wird im Buchhandel grundsätzlich mit Bruttopreisen gearbeitet und häufig finden Sie im Großhandel auf Grund des harten Wettbewerbs oft Einzelpreise mit bis zu 4 Nachkommastellen. Bei entsprechenden Mengen spielt dann die dritte oder vierte Stelle nach dem Komma durchaus eine Rolle.

Verkaufspreise mit Mengenstaffel: Optional können Sie festlegen, ab welcher Menge Sie die Preise staffeln wollen. Dabei werden hier nur die Mengen festgelegt, wie sich der Preis je Abnahmemenge verändert, wird pro Artikel individuell festgelegt.

Weiterführen/Duplizieren: Hier legen Sie fest, ob bei der Umwandlung eines Vorgangs (z.B. Angebot in Auftrag) die Gültigkeit von Sonderpreisen automatisch geprüft werden soll. Das gleiche gilt für die Möglichkeit, einen Vorgang zu kopieren.

Als letzter Schritt bleibt uns jetzt noch, die Einstellungen für den Buchhalter zu erfassen.

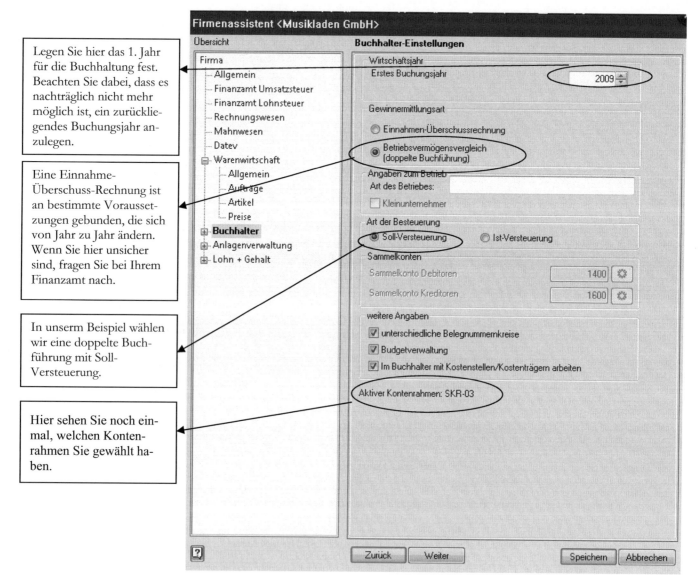

Legen Sie hier das 1. Jahr für die Buchhaltung fest. Beachten Sie dabei, dass es nachträglich nicht mehr möglich ist, ein zurückliegendes Buchungsjahr anzulegen.

Eine Einnahme-Überschuss-Rechnung ist an bestimmte Voraussetzungen gebunden, die sich von Jahr zu Jahr ändern. Wenn Sie hier unsicher sind, fragen Sie bei Ihrem Finanzamt nach.

In unserm Beispiel wählen wir eine doppelte Buchführung mit Soll-Versteuerung.

Hier sehen Sie noch einmal, welchen Kontenrahmen Sie gewählt haben.

FIRMA BUCHHALTER - EINSTELLUNGEN. Ein Wechsel von Ist- auf Sollversteuerung ist nur zum Jahreswechsel möglich.

Unser erstes Buchungsjahr ist 2009. Nachdem wir in unserem Beispiel mit einer GmbH arbeiten, wählen wir die doppelte Buchführung mit Soll-Versteuerung.

Nach Erfassung der Einstellungen für den Buchhalter klicken Sie auf speichern und die Anlage der neuen Firma ist abgeschlossen.

Sie können den Firmenstamm jederzeit wieder aufrufen, um weitere Daten zu erfassen oder bereits erfasste Angaben zu ändern. Nach dem Verlassen des Firmenassistenten befinden Sie sich automatisch in der gerade neu angelegten Firma.

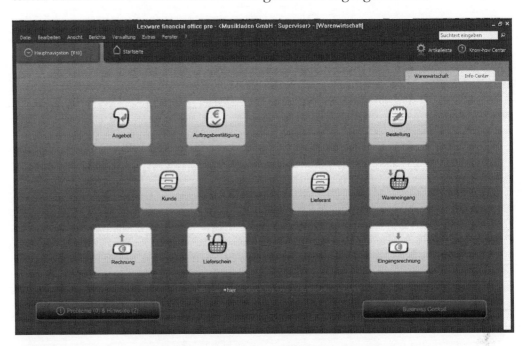

FIRMENNEUANLAGE - STARTSEITE WARENWIRTSCHAFT. Nach dem Speichern sind Sie automatisch in der neuen Firma.

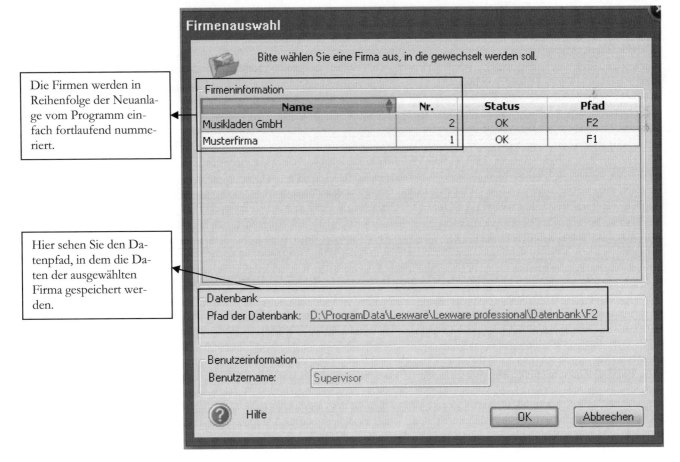

Die Firmen werden in Reihenfolge der Neuanlage vom Programm einfach fortlaufend nummeriert.

Hier sehen Sie den Datenpfad, in dem die Daten der ausgewählten Firma gespeichert werden.

FIRMENAUSWAHL So sieht die Firmenauswahl nach einem Neustart des Programms aus.

Für jede Firma wird Programm intern eine eigene Nummer vergeben; die Speicherung der Daten erfolgt in einem eigenen Verzeichnis.

Lernzielkontrolle

☺ **Testen Sie Ihr**

Wissen

1) Welchen Kontenrahmen wählen Sie als Vorlage für Ihren eigenen Mandanten und warum?

2) Wo legen Sie die Mengeneinheiten für Ihre Artikel an?

3) Wie rufen Sie im Programm die Hilfe auf?

4) Was ist der Unterschied zwischen Brutto- und Nettopreisen?

5) Wie viele Preisstaffeln je Artikel können Sie definieren?

6) Welche Möglichkeiten stehen Ihnen für die Buchung Ihrer Ausgangsrechnungen zur Auswahl?

7) Warum kann es sinnvoll sein, negative Lagerbestände zu erlauben?

8) Wie viele Stufen hat das Mahnwesen?

Praktische Übungen:

⌨ Tastaturübungen

1) Legen Sie die neue Firma Musikladen GmbH an und verwenden Sie als Kontenrahmen den SKR 03.

2) Beginnen Sie mit dem Geschäftsjahr 2009; Ihr Geschäftsjahr geht von Januar bis Dezember, die Buchhaltung wird in Euro geführt.

3) Richten Sie Ihren Mandanten so ein, dass Sie eine doppelte Buchführung mit Soll-Versteuerung machen.

4) Erfassen Sie alle für die Warenwirtschaft relevanten Daten im Firmenstamm.

5) Erfassen Sie im Firmenstamm auch die Daten für Steuer, Buchhaltung und Mahnwesen.

Kapitel

3

Stammdaten

In diesem Kapitel lernen Sie die Struktur und den Aufbau der Stammdaten in der Lexware warenwirtschaft pro kennen.

Wir werden bei der Anlage der Stammdaten mit den Grundlagen beginnen. Dabei werden wir nur die wichtigsten Bereiche ausführlich erklären, um zu gewährleisten, dass der rote Faden durch das Programm erhalten bleibt. Viele Bereiche erschließen sich von alleine, sobald Sie mit der grundlegenden Funktionalität des Programms vertraut sind.

Als Nächstes erfassen wir unsere Kunden, Lieferanten und Artikel. Anschließend werden wir uns mit den Möglichkeiten der Preisgestaltung beschäftigen. An dieser Stelle nochmals der Hinweis: wenn Sie bei der Anlage der Stammdaten bei einzelnen Feldern unsicher sind, nutzen Sie die **Hilfe (F1)** und lesen Sie die Bedeutung des Feldes nach.

In vielen Bereichen stehen Ihnen für die Erfassung Ihrer Daten so genannte Assistenten zur Verfügung, die Sie Schritt für Schritt durch die einzelnen Felder führen und dabei zusätzliche Informationen liefern. Einige dieser Assistenten können Sie später abschalten.

Grundlagen und allgemeine Stammdaten

Den ersten Bereich der Stammdaten finden wir unter Verwaltung. Neben allgemeinen Stammdaten, wie Einstellungen, Texte, Zahlungsbedingungen und Kalkulation, finden Sie hier auch Artikel, Kunden und Lieferanten. Da uns einige der Stammdaten, wie die Zahlungskonditionen, im Kundenstamm wieder begegnen, ist es hilfreich, wenn wir bei der Erfassung der Stammdaten von unten nach oben vorgehen und mit den Einstellungen beginnen.

Unter **Warenwirtschaft → Verwaltung** öffnen Sie die Übersicht. Jedes Mal, wenn hinter einem Begriff noch ein Pfeil nach rechts zu sehen ist, gibt es an dieser Stelle ein weiteres Untermenü mit zusätzlichen Auswahlmöglichkeiten.

Wir beginnen mit den Einstellungen.

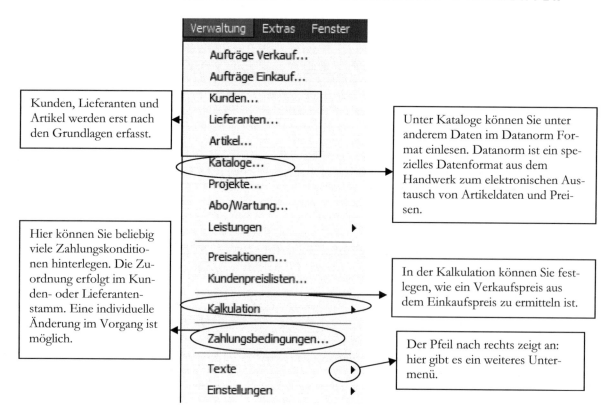

Kunden, Lieferanten und Artikel werden erst nach den Grundlagen erfasst.

Unter Kataloge können Sie unter anderem Daten im Datanorm Format einlesen. Datanorm ist ein spezielles Datenformat aus dem Handwerk zum elektronischen Austausch von Artikeldaten und Preisen.

Hier können Sie beliebig viele Zahlungskonditionen hinterlegen. Die Zuordnung erfolgt im Kunden- oder Lieferantenstamm. Eine individuelle Änderung im Vorgang ist möglich.

In der Kalkulation können Sie festlegen, wie ein Verkaufspreis aus dem Einkaufspreis zu ermitteln ist.

Der Pfeil nach rechts zeigt an: hier gibt es ein weiteres Untermenü.

VERWALTUNG - ÜBERSICHT. Unter Verwaltung finden Sie die wichtigsten Stammdaten für die Warenwirtschaft.

Unter Einstellungen können Sie die Nummernkreise für alle Ein- und Verkaufsvorgänge und für die Kunden- und Lieferantennummern erfassen.

Hier können Sie für die Freifelder in den Stammdaten eigene Feldbezeichnungen vergeben.

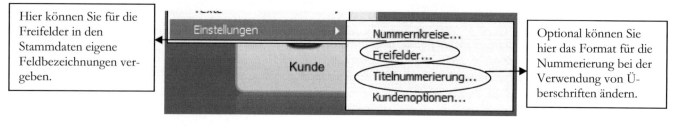

Optional können Sie hier das Format für die Nummerierung bei der Verwendung von Überschriften ändern.

EINSTELLUNGEN. Unter Einstellungen gibt es vier weitere Menüpunkte.

Nummernkreise

Für die Vergabe der Nummernkreise gilt es aus der Abgabenordnung (AO) folgende Vorschriften zu beachten:

Die Vergabe der Rechnungsnummern muss chronologisch fortlaufend erfolgen (zumindest innerhalb eines Jahres; ein Bruch in der Nummerierung sollte kurz kommentiert werden).

Die Nummernkreise dürfen nicht zurückgesetzt werden, d.h. bei einer Änderung der Nummernkreise ist darauf zu achten, dass es nicht zu Überschneidungen kommen kann, sprich ein und dieselbe Belegnummer für verschiedene Kunden und/oder Vorgänge verwendet wird.

Für jede Vorgangsart gibt es ein eigenes Kürzel, das vom Programm vorgegeben ist. Dahinter können Sie eine maximal 10-stellige Nummer eintragen, die dann vom Programm weitergezählt wird. Wir haben uns dabei angewöhnt, mit der Jahreszahl anzufangen und diese jedes Jahr zu aktualisieren, so dass auf Grund der Nummer sofort das zugehörige Geschäftsjahr ersichtlich ist.

Wenn Sie jedes Jahr die Nummernkreise mit der Jahrszahl beginnen, können Sie sofort an Hand der Belegnummer eine erste Zuordnung machen.

Mit zusammenführen können Sie die Nummernkreise für Rechnung und Sammelrechnung in einem Nummernkreis zusammenfassen. Beachten Sie die Hinweise in der Hilfe.

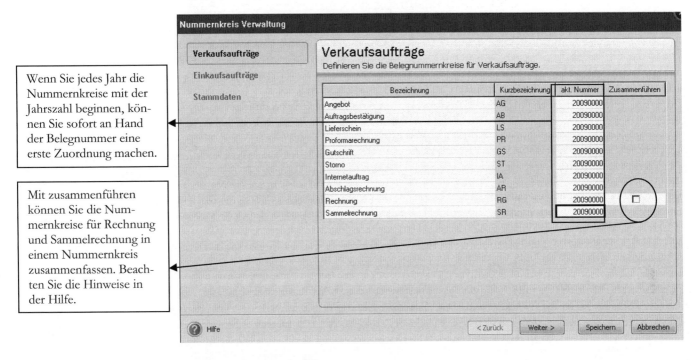

Nummernkreis Verwaltung

Verkaufsaufträge
Einkaufsaufträge
Stammdaten

Verkaufsaufträge
Definieren Sie die Belegnummernkreise für Verkaufsaufträge.

Bezeichnung	Kurzbezeichnung	akt. Nummer	Zusammenführen
Angebot	AG	20090000	
Auftragsbestätigung	AB	20090000	
Lieferschein	LS	20090000	
Proformarechnung	PR	20090000	
Gutschrift	GS	20090000	
Storno	ST	20090000	
Internetauftrag	IA	20090000	
Abschlagsrechnung	AR	20090000	
Rechnung	RG	20090000	☐
Sammelrechnung	SR	20090000	

Hilfe   < Zurück   Weiter >   Speichern   Abbrechen

VERKAUFSAUFTRÄGE. Bei uns beginnen alle Nummernkreise mit der Jahreszahl. Optional können Sie die Nummernkreise für Rechnungen und Sammelrechungen in einem Nummernkreis zusammenfassen.

Mit weiter gelangen Sie in de Bereich Einkaufsaufträge; alternativ können Sie auch mit der Maus auf den Menüpunkt Einkaufsaufträge klicken und auf die nächste Seite weiterzublättern.

Die gleiche Systematik empfiehlt sich für die Nummernvergabe der Nummernkreise für die Einkaufsbelege. Nachdem der Belegnummer im Beleg die Kurzbezeichnung der Belegart vorangestellt wird, spielt es keine Rolle, wenn alle Belegarten mit derselben Nummer beginnen.

Einkaufsaufträge
Hinterlegen Sie die Belegnummernkreise für Einkaufsaufträge.

Für jede Vorgangsart gibt es ein eigenes Kürzel, dass der Belegnummer vorangestellt wird.

Bezeichnung	Kurzbezeichnung	akt. Nummer
Bestellanfrage	BA	20090000
Bestellung	B	20090000
Wareneingang	WE	20090000
Eingangsrechnung	ER	20090000
Rücksendung	RS	20090000
Lieferantengutschrift	LG	20090000

EINKAUFSAUFTRÄGE. Auch hier ist es sinnvoll, die Nummern mit der Jahreszahl zu beginnen.

Wenn Sie Ihre Nummernkreise mit der Jahreszahl beginnen, ist es erforderlich, dass sie jedes Jahr nach dem Jahresabschluss, **bevor Sie im neuen Jahr den ersten Vorgang erfassen, die Nummerkreise entsprechend aktualisieren.**

Als letzter Punkt bleiben die Nummernkreise für die Stammdaten. Hier gibt es im Grunde nur eine Empfehlung für die Vergabe der Kunden- und Lieferantennummern. Bitte orientieren Sie sich hier an der Systematik der Nummernkreise bei der DATEV[11], dann haben Sie später keine Problem, wenn Sie die DATEV-Schnittstelle nutzen wollen, um Ihre Ausgangsrechnungen in elektronischer Form an Ihren Steuerberater weiterzugeben. Am Einfachsten ist es, die Automatik zu aktivieren, so dass das Programm bei der Neuanlage eines Kunden oder Lieferanten automatisch die nächste freie Nummer vergibt.

> Für Kunden und Lieferanten sollten Sie die Nummern analog der DATEV vorgeben und automatisch weiterzählen. Da die nächste Nummer vergeben wird, fangen wir mit der Nummer jeweils eine niedriger an, als der Beginn vom Nummernkreis.

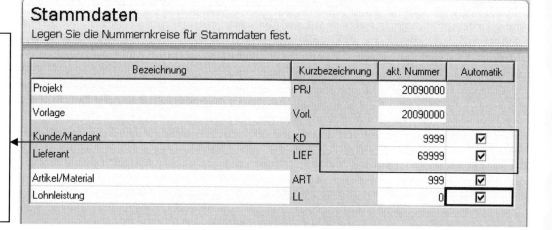

Stammdaten

Legen Sie die Nummernkreise für Stammdaten fest.

Bezeichnung	Kurzbezeichnung	akt. Nummer	Automatik
Projekt	PRJ	20090000	
Vorlage	Vorl.	20090000	
Kunde/Mandant	KD	9999	☑
Lieferant	LIEF	69999	☑
Artikel/Material	ART	999	☑
Lohnleistung	LL	0	☑

STAMMDATEN. Bei den Stammdaten ist es sinnvoll, sich bei Kunden und Lieferanten an der Systematik der DATEV zu orientieren.[12].

Anders sieht es bei den übrigen Nummernkreisen aus. Hier können Sie die Nummern auch frei vergeben. Viele unserer Kunden verwenden beispielsweise bei der Artikelnummer die Artikelnummer Ihres Lieferanten[13], andere wiederum bauen sich ein eigenes System auf, bei dem die Warengruppe und andere Informationen in der Artikelnummer verschlüsselt werden. Wir machen es uns einfach und zählen von 1000 (geben also 999 ein) fortlaufend weiter. Speichern Sie Ihre Nummernkreise, um die Erfassung abzuschließen.

Zum Punkt Freifelder: Es gibt in verschiedenen Bereichen so genannte Freifelder, die Sie für eigene Auswertungen nutzen können. Um Ihnen die Arbeit damit zu erleichtern, haben Sie unter Freifelder die Möglichkeit, für diese Felder eigene Namen zu vergeben, damit bei der Erfassung der Daten klar wird, welche Information im Freifeld jeweils einzutragen ist.

---

[11] Die DATEV verwendet für Kunden den Nummernkreis von 10000 – 69999 und für Lieferanten von 70000 – 99999. Wenn Sie sich an diesen Nummernkreisen orientieren, erleichtern Sie Ihrem Steuerberater die Arbeit.

[12] Würden Sie im Feld Kunden die 10000 eintragen, wäre die erste Kundennummer die 10001. Also tragen Sie 10000 – 1 = 9999 ein, um mit der 10000 für den ersten Kunden anzufangen. Für die Lieferanten analog: hier tragen Sie 69999 ein und Ihr erster Lieferant bekommt dann automatisch die 70000.

[13] Diese Vorgehensweise ist insbesondere zu empfehlen, wenn Sie mit der Datanorm-Schnittstelle arbeiten und Stammdaten und Preise elektronisch einlesen und pflegen wollen.

TEXTE. Unter Texte haben Sie die Auswahl zwischen Textbausteinen und Standardtexten.

Unter Standardtexten können Sie für einzelne Vorgangsarten eine Standardbeschreibung und eine Nachbemerkung zu erfassen. Diese Daten werden dann automatisch als Vorbelegung in jeden neuen Vorgang übernommen. Eine individuelle Änderung im Vorgang selbst ist jederzeit möglich. Zusätzlich können Sie festlegen, ob die Zahlungsbedingungen und die Lieferart aus dem Kunden- bzw. Lieferantenstamm automatisch in den Vorgang übernommen werden sollen. In der Version 2009 wurde die Auswahl der Vorgänge erweitert.

Hier wählen Sie den Bereich, für den Sie Standardtexte erfassen wollen.

Wählen Sie aus, für welche Vorgangsart Sie feste Texte hinterlegen wollen. Die Beschreibung kommt im Kopfbereich, die Nachbemerkung als Schlusstext am Ende des Vorgangs.

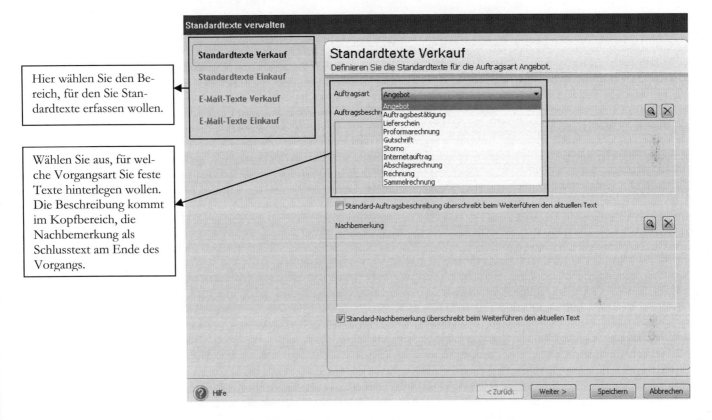

STANDARDTEXTE. Optional können Sie für die einzelnen Belegarten Standardtexte erfassen, die in den Vorgang als Vorschlagswert (Änderung ist jederzeit möglich) übernommen werden.

Unter Texten können Sie beliebige Textbausteine erfassen, die Sie später in der Vorgangserfassung über einen Textschlüssel abrufen können.

Standardtexte und Textbausteine können Sie später Stück für Stück nach Bedarf anlegen und auch jederzeit verändern.

Zahlungsbedingungen

Die Zahlungskonditionen werden in der Lexware warenwirtschaft pro zentral angelegt und dann im Kunden- und Lieferantenstamm zugeordnet. Eine Zahlungskondition ist dabei für Kunden und Lieferanten gleichermaßen, d.h. es gibt hier je Zahlungskondition nur einen Datensatz. Die in den Stammdaten hinterlegten Zahlungsbedingungen gelten dabei als Vorschlagswerte und können in der Vorgangserfassung jederzeit individuell (vorgangsbezogen) geändert werden.

Die Anlage erfolgt unter: **Warenwirtschaft → Verwaltung → Zahlungsbedingungen**[14].

Klicken Sie auf das Symbol für die Neuanlage, um eine weitere Zahlungskondition zu erfassen.

Hier sehen Sie, welche Zahlungskonditionen bereits angelegt sind.

Hier können Sie zu jeder Zahlungskondition einen Text erfassen, der dann im Vorgang gedruckt wird.

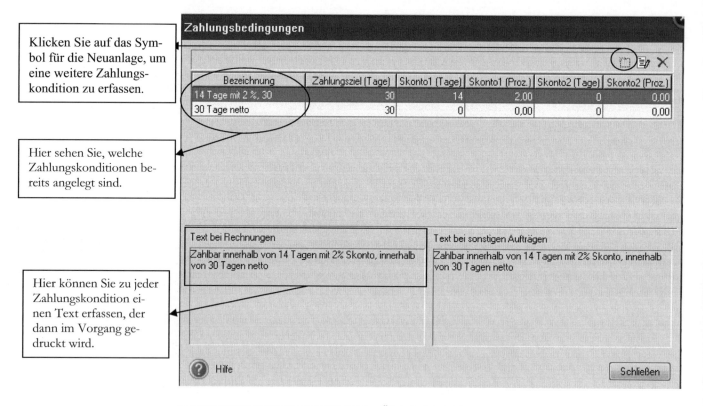

ZAHLUNGSBEDINGUNGEN – ÜBERSICHT. In der Übersicht sehen Sie alle bereits erfassten Zahlungsbedingungen. Zur Neuanlage klicken Sie auf das linke der drei Symbole am rechten, oberen Rand der Maske oder drücken Sie **Alt + Einfg**.

Bei der Erfassung einer neuen Zahlungskondition geht es los mit der Bezeichnung. Bitte wählen Sie diese so, dass auch ein außen stehender Dritter, der mit dem Programm arbeitet (z.B. Ihre Urlaubsvertretung), sofort erkennt, welche Zahlungsbedingung sich hinter dieser Bezeichnung verbirgt.

Unter Zahlungsbedingungen haben Sie die Möglichkeit, ein Zahlungsziel (netto) zu erfassen und maximal 2 verschiedene Skontierungen. Abschließend können Sie einen Text für diese Zahlungskondition hinterlegen, der später in der Rechnung oder im Auftrag für den Empfänger gedruckt wird. Dabei können Sie mit Hilfe von Platzhaltern aus dem Vorgang sowohl das Datum für die Zahlung mit Skonto ermitteln, als auch den Skonto- und den Nettobetrag. Das hat für Ihre Kunden den

---

[14] Wenn Sie auch den Lexware buchhalter pro einsetzen, ist es egal, ob Sie eine neue Kondition in der Buchhaltung oder in der Warenwirtschaft erfassen, weil beide Programme auf dieselbe Tabelle zugreifen.

Vorteil, dass diese bei der Zahlung nicht mehr rechnen, sondern nur noch den Betrag übernehmen müssen.

Verwenden Sie eine Bezeichnung, die klar vermittelt, um welche Zahlungskondition es sich hier handelt.

Tragen Sie hier die Tage für das Zahlungsziel ohne Abzug von Skonto ein.

Hier können Sie einen Text eintragen, der zur erfassten Zahlungsbedingung in der Rechnung oder in anderen Vorgängen gedruckt werden soll.

Hier können Sie maximal 2 Skontosätze erfassen und die dazugehörige Anzahl Tage.

Über die Raute können Sie Platzhalter für Ihren Text auswählen.

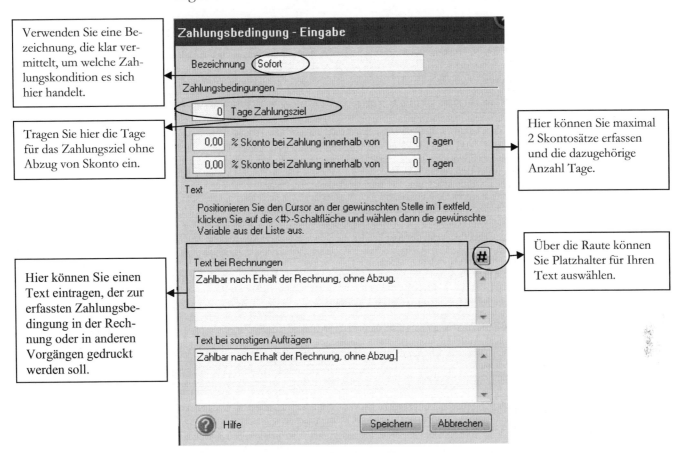

ZAHLUNGSBEDINGUNGEN - EINGABE. Erfassen Sie hier die Details neuer Zahlungsbedingungen oder ändern Sie Bestehende.

Für die Texterfassung bei den Zahlungskonditionen stehen Ihnen die folgenden Platzhalter zur Verfügung:

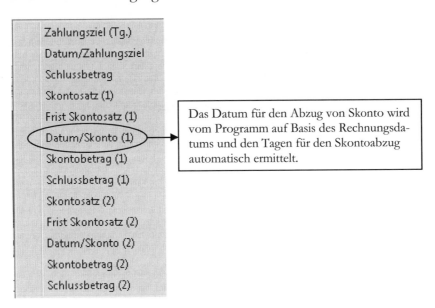

Das Datum für den Abzug von Skonto wird vom Programm auf Basis des Rechnungsdatums und den Tagen für den Skontoabzug automatisch ermittelt.

ZAHLUNGSBEDINGUNGEN - PLATZHALTER. Mit einem Klick auf die Raute öffnen Sie die Auswahl der Platzhalter. Ein ausführliches Beispiel für die Arbeit mit den Platzhaltern finden Sie unter Tipps und Tricks.

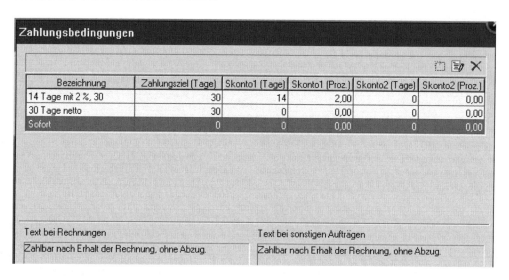

Bezeichnung	Zahlungsziel (Tage)	Skonto1 (Tage)	Skonto1 (Proz.)	Skonto2 (Tage)	Skonto2 (Proz.)
14 Tage mit 2 %, 30	30	14	2,00	0	0,00
30 Tage netto	30	0	0,00	0	0,00
Sofort	0	0	0,00	0	0,00

Text bei Rechnungen	Text bei sonstigen Aufträgen
Zahlbar nach Erhalt der Rechnung, ohne Abzug.	Zahlbar nach Erhalt der Rechnung, ohne Abzug.

ZAHLUNGSBEDINGUNGEN. So sieht die Übersicht inkl. unserer soeben angelegten neuen Zahlungsbedingung aus.

Nach der Erfassung der Zahlungsbedingungen machen wir einen Sprung und erfassen Kunden, Lieferanten und Artikel.

Lernzielkontrolle

☺ **Testen Sie Ihr**

Wissen

1) Wo legen Sie die Belegnummernkreise für die Warenwirtschaft fest?

2) Welche Systematik verwendet die DATEV bei der Vergabe von Kundennummern?

3) Was ist der Unterschied zwischen Standardtexten und Textbausteinen?

4) Beschreiben Sie mit eigenen Worten, wie eine neue Zahlungsbedingung anzulegen ist.

Praktische Übungen

 **Tastaturübungen**

1) Stellen Sie die Nummernkreise ein, wie folgt:
    - Alle Belegnummern auf 20090000
    - Kunden auf 9999
    - Lieferanten auf 69999
    Die übrigen Nummernkreise bleiben auf 0, für Artikel- und Lohnleistungen werden automatisch neue Nummern vergeben.

2) Legen Sie folgende Zahlungsbedingung neu an: **sofort fällig**.

Der Kundenstamm

Um in der Lexware warenwirtschaft pro einen neuen Kunden anzulegen, gibt es verschiedene Möglichkeiten: Entweder unter **Datei → Neu → Kunde**, oder Sie öffnen unter **Verwaltung → Kunden** den Kundenstamm und drücken anschließend die rechte Maustaste und wählen neu.

Der Kundenstamm wurde verändert. Drücken Sie die rechte Maustaste, um das Menü zu öffnen.

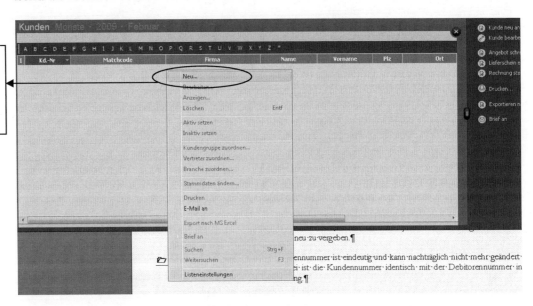

KUNDENSTAMM. Sie können mit der Navigation rechts neben dem Kundenstamm arbeiten, oder die drücken die rechte Maustaste, um das vollständige Menü zu öffnen.

Die Kundennummern werden vom Programm automatisch fortlaufend vergeben.

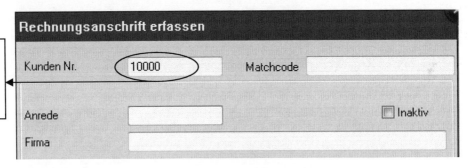

KUNDENSTAMM - RECHNUNGSANSCHRIFT. Das Programm schlägt als Nummer für den neuen Kunden die nächste freie Nummer vor, hier die 10000.

Wenn Sie einen bestehenden Kundenstamm aus einem anderen Programm übernehmen, bietet es sich an, bereits vergebene Kundennummern beizubehalten, vorausgesetzt, Sie bewegen sich damit im durch die DATEV vorgegebenen Rahmen. Ist dies nicht der Fall, sollten Sie beim Systemwechsel auch gleich die Kundennummern neu zu vergeben.

🗁 **Wichtig**

Die Kundennummer ist eindeutig und kann nachträglich nicht mehr geändert werden. Dabei ist die Kundennummer identisch mit der Debitorennummer in der Buchhaltung.

Nach der Kundennummer wird der Matchcode (die Kurzbezeichnung) eingetragen. Der Matchcode dient als Suchkriterium und bedarf aus diesem Grunde einer sorgfältigen Pflege. Um die Identifizierung des Kunden später zu erleichtern, tragen Sie im Feld Matchcode den Namen des Kunden ein und den Ort, in unserem Beispiel: Cinema Filmtheater – München.

Verwenden Sie als Matchcode einen eindeutigen Suchbegriff; dieser kann vom Firmennamen abweichen.

Wenn Sie einen Kunden als inaktiv markieren, wird er in der Übersicht nicht mehr angezeigt.

Erfassen Sie die vollständige Rechnungsanschrift inkl. Land.

Tragen Sie hier die mit dem Kunden vereinbarte Lieferart ein; diese wird als Vorschlagswert in einen neuen Auftrag übernommen.

Klicken Sie auf Übernehmen, um mit der nächsten Maske mit Ihrer Eingabe fortzufahren.

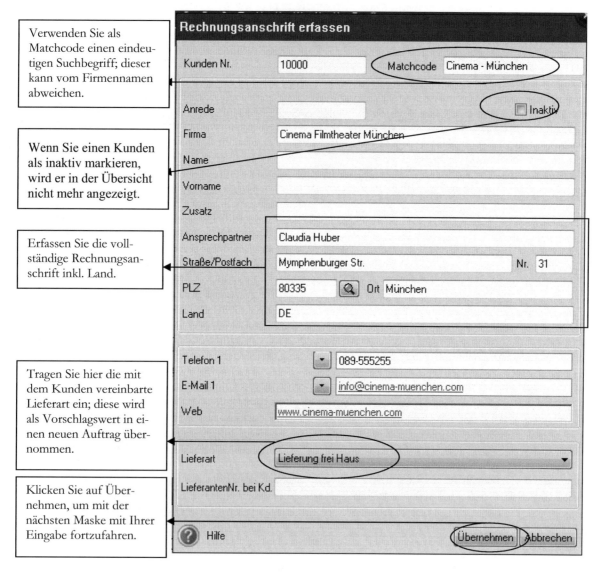

RECHNUNGSANSCHRIFT. Erfassen Sie hier die Rechnungsanschrift Ihres Kunden.

Im Feld Telefon 1 finden Sie links vom Eingabefeld einen Pfeil nach unten; hier können Sie weitere Telefonnummern, Mobiltelefon und Fax erfassen.

Ein Häkchen signalisiert einen erfassten Datensatz.

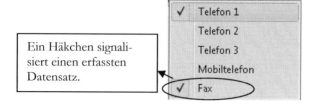

TELEFON. Sie können bis zu 3 Telefonnummern erfassen, eine Mobilfunknummer und eine Faxnummer..

Neben der vollständigen Rechnungsanschrift erfassen Sie in dieser Maske auch die Lieferart. Diese dient im Auftrag als Vorschlagswert und kann jederzeit vorgangsbezogen verändert werden.

Hier sehen Sie zur Orientierung Rechnungsanschrift, Kundennummer und Debitorenkonto.

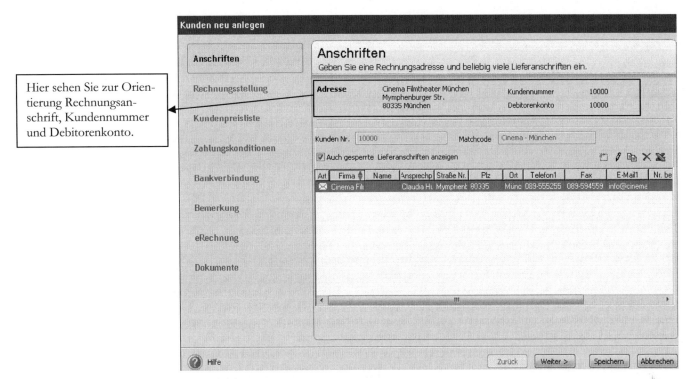

ANSCHRIFTEN. Zusätzlich zur Rechnungsanschrift können Sie beliebig viele Lieferanschriften erfassen. Die Auswahl der Lieferanschrift erfolgt bei der Erfassung des Lieferscheins.

In der Anschriftenübersicht sehen Sie vor der Rechnungsanschrift ein gelbes Kuvert, vor der ersten Lieferanschrift wird ein türkis farbiges Paket angezeigt, bei jeder weiteren Lieferanschrift ist das Paket grau unterlegt. Die Hauptlieferanschrift wird im Standard als Lieferadresse in den Auftrag übernommen. Die Auswahl einer anderen Lieferanschrift ist nur bei der Erfassung eines Lieferscheins möglich.

Unter Rechnungsstellung erfolgt die Zuordnung einer Preisliste und es wird festgelegt, ob an diesen Kunden mit oder ohne Mehrwertsteuer berechnet wird[15]. Eine Ust.-Id.Nr. ist zwingend zu erfassen, wenn es sich um einen Kunden aus der EU handelt.

---

[15] So können Sie auch im Inland Kunden anlegen, die Rechnungen ohne MwSt. bekommen. Das kann z.B. vorkommen, wenn Sie bei einem Versicherungsfall eine Schadensrechnung an eine Versicherung stellen. In diesem Fall bekommen Sie nur den Nettowert ohne MwSt. erstattet, da Sie selbst ja vorsteuerabzugsberechtigt sind und die Steuer an dieser Stelle für Sie nur einen durchlaufenden Posten darstellt.

Sie können im Artikelstamm 3 Preislisten pflegen. Hier erfolgt die Zuordnung zum Kunden.

Bei Bedarf können Sie im Kundenstamm eine Liefersperre hinterlegen. Bei der Erfassung eines neuen Auftrags wird dann ein entsprechender Hinweis angezeigt.

Über das Häkchen Steuerbare Umsätze wird gesteuert, ob der Kunde mit oder ohne Mehrwertsteuer abgerechnet wird.

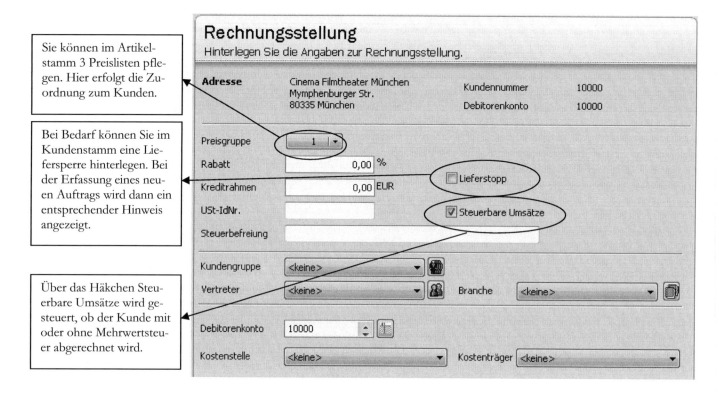

RECHNUNGSSTELLUNG. Erfassen Sie hier die Details für die Rechnungserstellung.

📖 **Praxistipp**

Sinnvoll ist es, grundsätzlich die USt.-Id.Nr. für alle Kunden zu erfassen, da Sie durch die Abgabenordnung gezwungen sind, auf allen Gutschriften die Steuernummer (oder die USt.-Id.Nr.) des Empfängers anzugeben. Sonst kann Ihnen das Finanzamt den Abzug der Umsatzsteuer verweigern.

Alle weiteren Angaben, wie Kundengruppe, Branche, Vertreter, ... sind optional bei Bedarf zu erfassen. Jedes erfasste Kennzeichen bietet später in den Auswertungen die Möglichkeit, die Auswahl der Datensätze auf eine bestimmte Kundengruppe einzuschränken. Diese Kennzeichen bieten insbesondere für den Vertrieb eine interessante Steuerungsmöglichkeit, z.B. für Mailings, Messeeinladungen und andere Aktionen.

Sobald Sie den Datensatz speichern, indem Sie auf die Zahlungskonditionen oder auf weiter klicken, kommt eine Abfrage, ob Sie das Debitorenkonto (so heißt das Kundenkonto im Buchhalter) anlegen wollen. Bitte beantworten Sie diese Abfrage grundsätzlich mit ja, wenn Sie wollen, dass die Kunden- und die Kontonummer immer identisch sind.

Bitte beantworten Sie die Abfrage mit ja, um das Konto im Buchhalter ebenfalls anzulegen.

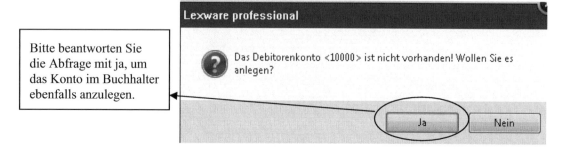

DEBITORENKONTO. Bestätigen Sie die Meldung mit ja, um das gleich lautende Debitorenkonto anzulegen.

In der Version 2009 gibt es einen eigenen Reiter Kundenpreisliste. Hier können Sie zu einem späteren Zeitpunkt (nach der Anlage Ihres Artikelstamms) für den Kunden individuelle Sonderpreise hinterlegen.

Praxistipp

Bitte bedenken Sie dabei, dass diese Preise im Falle einer allgemeinen Preisänderung einzeln angepasst werden müssen. Sie sollten sich deshalb auf ein Minimum an Sonderkonditionen beschränken.

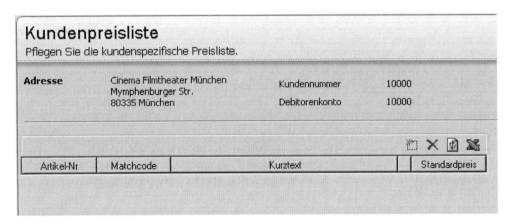

KUNDENPREISLISTE. Hier können Sie für Ihren Kunden eine individuelle Preisliste pflegen.

Bei den Zahlungskonditionen wird eine zuvor im System angelegte Kondition im Kundenstamm zugeordnet. Bei der Anlage der Konditionen können Sie maximal 2-fach skontieren.[16]

Bei diesem Aufbau der Bezeichnung ist für jeden sofort klar, wie die Zahlungsbedingung aufgebaut ist.

Hinterlegen Sie hier den Text, der in der Rechnung angedruckt werden soll.

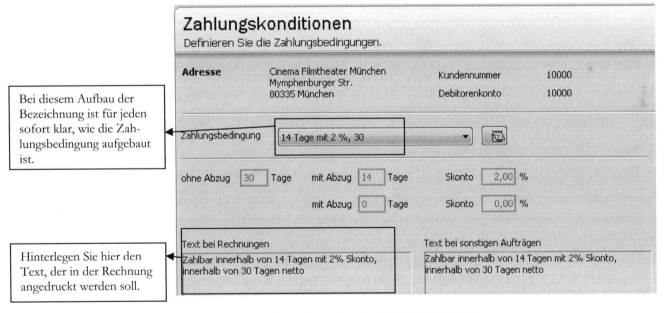

ZAHLUNGSBEDINGUNGEN - ZUORDNUNG. So sieht die Maske mit der ausgewählten Zahlungsbedingung aus.

Wir werden in den weiteren Kapiteln dieses Buches, bei der Anlage der Lieferantenkonten, noch ausführlicher auf das Thema Skonto eingehen.

---

[16] Skonto ist ein Preisnachlass, der für pünktliche (fristgerechte) Zahlung gewährt wird. Der Abzug erfolgt im Gegensatz zum Rabatt erst bei der Buchung des Zahlungseingangs.

Weiter geht es mit Bankverbindung und Zahlungsart. Dabei unterstützt das Programm folgende Zahlungsmöglichkeiten:

- **Bar:** Barzahlung ist vor allem im Ladengeschäft anzutreffen.

- **Überweisung:** Der Kunde überweist den Rechnungsbetrag auf Ihr Konto.

- **Datenträger:** Bezieht sich nur auf die Art und Weise, wie Sie die Lastschriften weitergeben, in diesem Fall durch Erzeugung einer DTAUS Datei, die Sie wahlweise in ein Onlinebanking Programm einlesen oder per Diskette zur Bank schicken können.

- **Kreditkarte:** Sie hinterlegen die Kreditkartendaten Ihres Kunden und ziehen fällige Beträge vom Kreditkartenkonto Ihres Kunden ein.[17]

- **Lastschrift:** Sie erfassen die Bankverbindung Ihres Kunden und ziehen fällige Rechnungen ein.

- **Online:** beschreibt die Art, wie Sie Zahlungen im Programm verarbeiten. Online bedeutet: Sie richten direkt in Lexware eine online Bankverbindung ein und geben auf diesem Weg Lastschriften weiter und lesen die Kundenzahlungen aus Ihren Kontoauszügen direkt ins Programm ein.

- **Scheck:** Sie bekommen einen Scheck vom Kunden, den Sie zur Bank bringen zur Gutschrift. Dauert in der Regel bis zu 5 Tage, bis das Geld Ihrem Konto gutgeschrieben ist.

Erfassen Sie die vollständige Bankverbindung, wenn Sie die fälligen Rechnungen per Lastschrift einziehen dürfen.

Setzen Sie ein Häkchen, wenn eine Einzugsermächtigung von diesem Kunden vorliegt.

Wählen Sie hier die vereinbarte Zahlungsart aus.

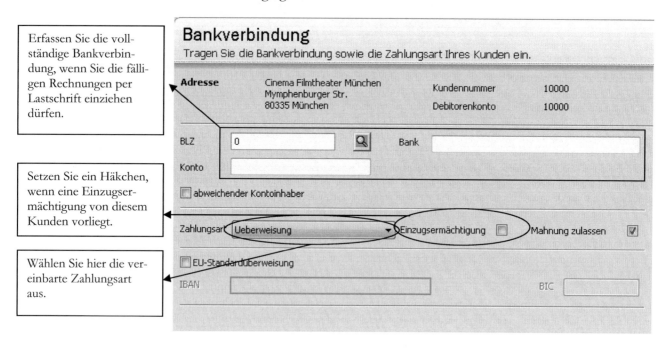

BANKVERBINDUNG. Erfassen Sie Bankverbindung und Zahlungsart. Außerdem können Sie festlegen, ob dieser Kunde gemahnt werden soll, wenn er sein Zahlungsziel überschreitet.

---

[17] Diese Zahlungsweise ist in der Regel mit verhältnismäßig hohen Gebühren belastet (bis zu 7% des Rechnungsbetrages).

Im Feld Bemerkung hinterlegen Sie zusätzliche Informationen zum Kunden, die für die Geschäftsabwicklung von Bedeutung sind. Hier können Sie z.B. die Öffnungszeiten Ihres Kunden eintragen, ...

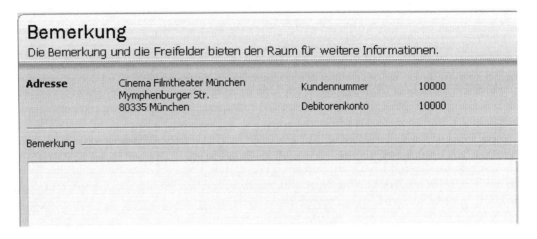

BEMERKUNG. Erfassen Sie hier beliebige zusätzliche Informationen zu diesem Kunden.

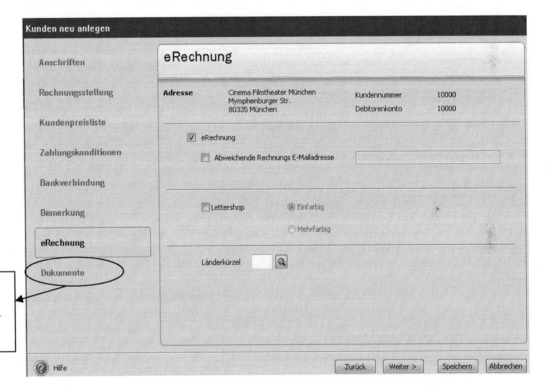

Neu im Programm ist die Möglichkeit, Dokumente und Links zuzuordnen.

ERECHNUNG. Neben einer abweichenden E-Mailadresse für den Rechnungsversand können Sie hier Details für den Lettershop hinterlegen.

Wenn Sie mit der Erfassung aller Informationen fertig sind, speichern Sie den Datensatz und landen automatisch wieder in der Übersicht.

Sie können nachträglich jederzeit Änderungen und Ergänzungen im Kundenstamm vornehmen.

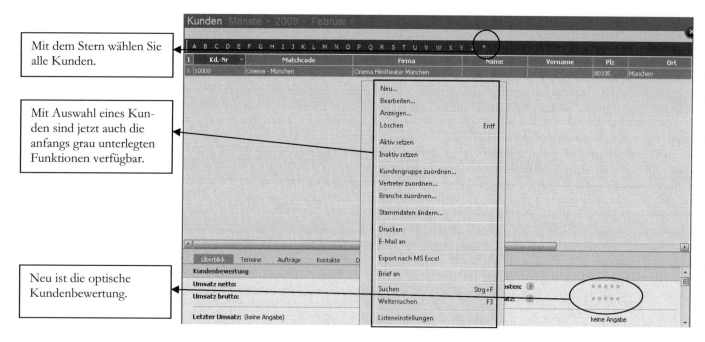

Mit dem Stern wählen Sie alle Kunden.

Mit Auswahl eines Kunden sind jetzt auch die anfangs grau unterlegten Funktionen verfügbar.

Neu ist die optische Kundenbewertung.

KUNDEN - ÜBERSICHT. Mit der rechten Maustaste öffnen Sie das Menü.

Eines sollten Sie bei der Verwendung der neuen Möglichkeiten im Kundenstamm, insbesondere bei der Zuordnung von Dokumenten immer im Hinterkopf behalten: je mehr Daten im Programm verfügbar und verknüpft sind, desto langsamer arbeitet das System. Je nach Größe Ihres Datenbestandes sollten Sie daher immer ein Auge auf die Hardware haben und lieber ein wenig großzügiger sein bei der Frage nach Arbeitsspeicher, Prozessorleistung und Festplattenplatz, damit Sie nicht irgendwann eine Zwangspause machen müssen, nur weil Ihr System so langsam geworden ist.

Lernzielkontrolle

☺ **Testen Sie Ihr**

    Wissen

1) Welche Systematik verwendet die DATEV bei der Vergabe von Kundennummern?

2) Warum ist es so wichtig, die Kurzbezeichnung möglichst exakt und eindeutig zu vergeben?

3) Welchen Sinn macht es, im Kundenstamm eine Buchungssperre einzutragen oder den Kunden auf inaktiv zu setzen?

4) Können Sie die Kundennummer nachträglich ändern?

5) Warum ist es sinnvoll, Kontonummer und Kundennummer synchron zu vergeben?

6) Welche Zahlungsarten (Zahlungsmittel) werden im Programm unterstützt?

Praktische Übungen

1) Legen Sie mit der Kundennummer **10000** folgenden Kunden an:

Cinema Filmtheater München
Nymphenburger Straße 31
80335 München
Tel.: 089-555255
Fax: 089-594559
Mail: info@cinema-muenchen.com
Internet: www.cinema-muenchen.com
Zahlungskonditionen: 14 Tage 2%, 30 Tage netto
Lieferung: Frei Haus
Ansprechpartner: Claudia Huber

2) Legen Sie mit der Kundennummer **10001** folgenden Kunden an:

Deutsches Theater
Schwanthaler Str. 13
80336 München
Tel.: 089 -55234-0
Fax: 089 -55234-234
Mail: kasse@deutsches-theater.de
Internet: www.deutsches-theater.de
Zahlungskonditionen: 30 Tage netto
Lieferung: Frei Haus
Ansprechpartner: Helga Ott.

3) Legen Sie folgenden Kunden mit der Nummer **10002** an:

Bela Kosmetik
Catherine Weidenbach
Birnauerstr. 12
80809 München
Tel.: 089 -35652223
Fax: 089 -35652525
Mail: webmaster@bela-kosmetik.de
Internet: www.bela-kosmetik.de
Ansprechpartner: Catherine Weidenbach
Zahlungskonditionen: 14 Tage 2%, 30 Tage netto

Der Lieferantenstamm

Für den Lieferantenstamm gelten ähnliche Vorgaben, wie für den Kundenstamm. Wenn Sie bereits Kontonummern vergeben haben, macht es durchaus Sinn, die bestehenden Nummern zu übernehmen. In unserem Fall orientieren wir uns an der DATEV an und erfassen mit der Nummer **70000** unseren ersten Lieferanten. Auch hier gilt: die Lieferantennummer ist nachträglich nicht mehr änderbar. Wenn Sie die Systematik der Nummernkreise ändern und neue Nummern vergeben wollen, dann bitte immer nur zum Jahreswechsel. Unter **Datei → Neu → Lieferant** können Sie Ihre erste Lieferantennummer eintragen und den Datensatz anlegen.

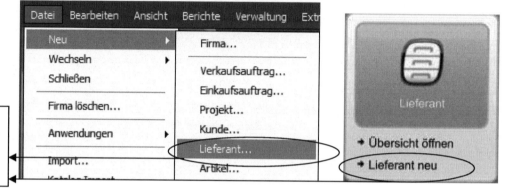

Hier legen Sie neue Lieferanten an. Wahlweise, wie bisher über das Menü oder über das neue Icon.

LIEFERANTENSTAMM. Hier legen Sie neue Lieferanten an.

Wir beginnen mit der Nummer **70000** und zählen dann chronologisch weiter.

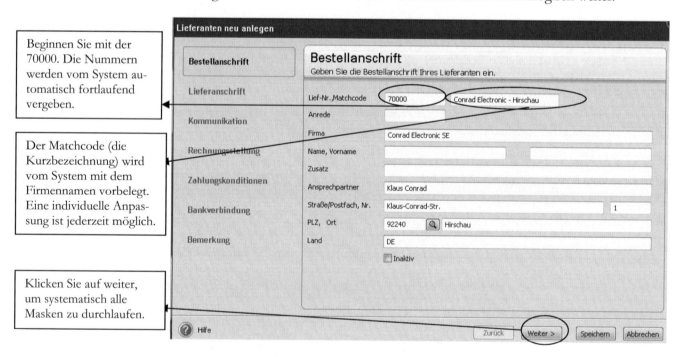

Beginnen Sie mit der 70000. Die Nummern werden vom System automatisch fortlaufend vergeben.

Der Matchcode (die Kurzbezeichnung) wird vom System mit dem Firmennamen vorbelegt. Eine individuelle Anpassung ist jederzeit möglich.

Klicken Sie auf weiter, um systematisch alle Masken zu durchlaufen.

KURZBEZEICHNUNG IM LIEFERANTENSTAMM. Die automatische Vorbelegung der Kurzbezeichnung führt nicht immer zu sinnvollen Ergebnissen.

Geben Sie den Firmennamen und die Anschrift ein. Der Matchcode wird vom Programm mit dem Firmennamen vorbelegt. Bei Bedarf können Sie hier auch etwas anderes eintragen, wenn Ihnen der Lieferant vielleicht unter einem anderen Namen geläufig ist. In Jedem Fall sollten Sie den Ort ergänzen.

Mit einem Mausklick auf das Symbol können Sie Ihre bereits erfasste Bestellanschrift übernehmen.

Geben Sie hier Ihre Kundennummer beim Lieferanten ein. Diese Nummer wird beim Zahlungsverkehr mit angegeben, um dem Lieferanten die Zuordnung der Zahlung zu erleichtern.

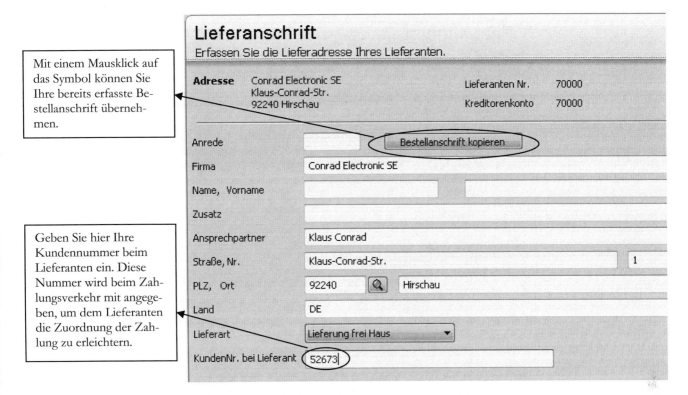

LIEFERANSCHRIFT. Die Lieferanschrift ist für Rücklieferungen erforderlich. Hier können Sie über den Schalter Bestellanschrift kopieren Ihre bereits erfassten Daten übernehmen.

Ergänzen Sie Ihre Kundennummer beim Lieferanten (sofern bekannt) um Ihrem Lieferanten bei Zahlungen oder Rücksendungen die Zuordnung zu erleichtern.

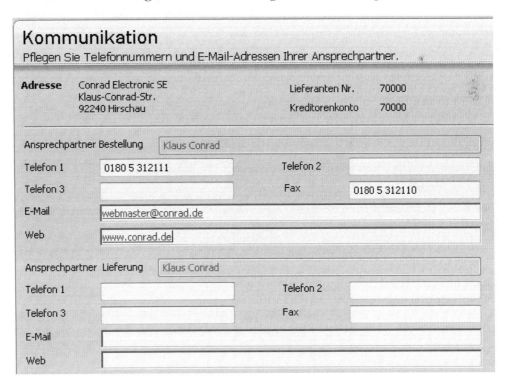

KOMMUNIKATION. Hier können Sie alle Informationen für die Kommunikation erfassen. Dabei ist es möglich, für Bestellanschrift und Lieferanschrift unterschiedliche Daten zu erfassen.

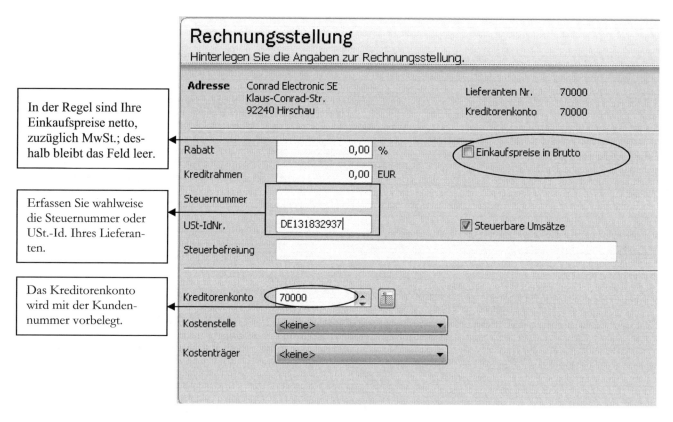

In der Regel sind Ihre Einkaufspreise netto, zuzüglich MwSt.; deshalb bleibt das Feld leer.

Erfassen Sie wahlweise die Steuernummer oder USt.-Id. Ihres Lieferanten.

Das Kreditorenkonto wird mit der Kundennummer vorbelegt.

LIEFERANTENSTAMM - RECHNUNGSSTELLUNG. Hier tragen Sie Rabatte und Kreditrahmen ein, die Zuordnung zum Kreditorenkonto und die Steuernummer oder USt.-Id.

Auch hier kommt bei der Bestätigung der Maske durch Klick auf "Weiter" die Abfrage, ob das Kreditorenkonto angelegt werden soll. Bitte mit **ja** beantworten.

Bestätigen Sie mit ja, um das entsprechende Kreditorenkonto anzulegen.

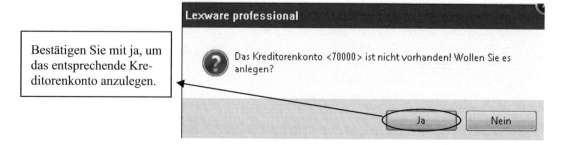

LIEFERANTENSTAMM. Kreditorenkonto bitte anlegen..

Weiter geht es mit den Zahlungskonditionen. Bitte legen Sie hier eine neue Zahlungsbedingung an: 10 Tage 3%, 30 Tage netto. Dazu öffnen Sie die Auswahl der Zahlungskonditionen und klicken auf das Symbol für neu.

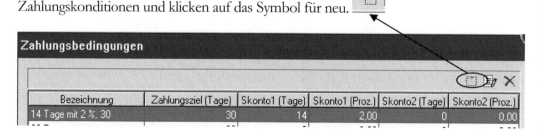

ZAHLUNGSBEDINGUNGEN. Über die Schaltfläche neu können sie beliebige neue Zahlungsbedingungen anlegen.

Bitte denken Sie daran, dass die Zahlungsbedingungen grundsätzlich für Kunden und Lieferanten gleichermaßen gültig sind.

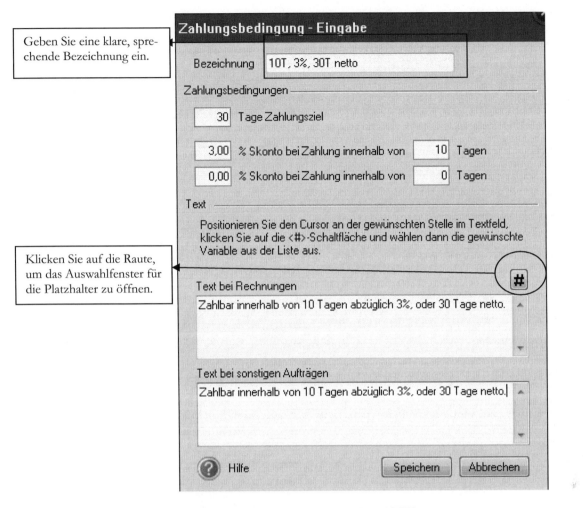

Geben Sie eine klare, sprechende Bezeichnung ein.

Klicken Sie auf die Raute, um das Auswahlfenster für die Platzhalter zu öffnen.

ZAHLUNGSBEDINGUNGEN - NEU. Tragen Sie alle erforderlichen Werte für die neue Zahlungskondition ein.

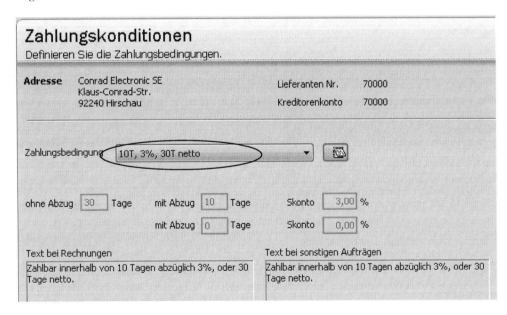

ZAHLUNGSKONDITIONEN So sieht die Maske mit unserer neu angelegten Zahlungskondition aus.

Jetzt noch die Bankverbindung hinterlegen, optional eine Bemerkung hinzufügen und fertig ist unser erster Lieferant.

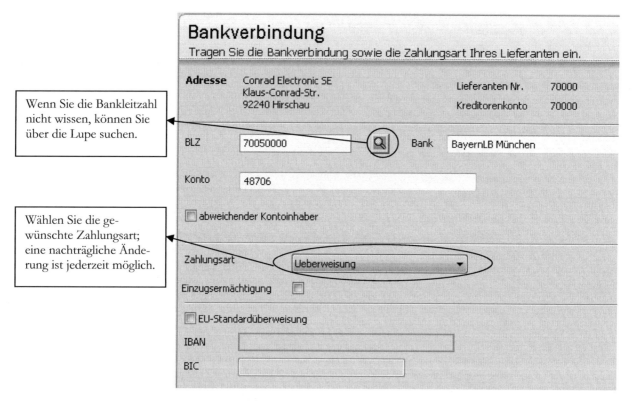

Wenn Sie die Bankleitzahl nicht wissen, können Sie über die Lupe suchen.

Wählen Sie die gewünschte Zahlungsart; eine nachträgliche Änderung ist jederzeit möglich.

BANKVERBINDUNG: Legen Sie die Bankverbindung an und wählen Sie die gewünschte Zahlungsart aus.

Auf Grund der Änderungen im Zahlungsverkehr zum 01.01.2008 sind bis Jahresende bei allen Lieferanten IBAN und BIC zu erfassen (auch im Inland).

Lernzielkontrolle

☺ **Testen Sie Ihr**

Wissen

1) Welcher Nummernkreis ist bei der DATEV für die Kreditoren reserviert?

2) Welche Lieferanten werden ohne Steuer angelegt?

3) Wofür sollten Sie im Lieferantenstamm Ihre eigene Kundennummer beim Lieferanten eintragen?

4) Wie legen Sie eine neue Zahlungskondition an?

5) Wofür gibt es bei der Anlage von Zahlungsbedingungen die Möglichkeit, mit Platzhaltern zu arbeiten?

6) Aus welchem Grund benötigen Sie bei einem Lieferanten eine Lieferanschrift?

Praktische Übungen

 Tastaturübungen

1) Legen Sie folgenden Lieferanten mit der Nummer **70000** an:

Conrad Electronic SE
Klaus-Conrad-Str. 1
92240 Hirschau
Tel.: 0180 5 312111
Fax: 0180 5 312110
eMail: webmaster@conrad.de
Internet: www.conrad.de
Unsere Kundennummer beim Lieferanten: 526732
Lieferung frei Haus
Zahlungskonditionen: 10 Tage 3%, 30 Tage netto
Bankverbindung: Bay. Landesbank München,
BLZ 700 500 00, Kto. 48706
Ansprechpartner: Klaus Conrad
USt-Id. DE131832937

2) Legen Sie folgenden Lieferanten mit der Nummer **70001** an:

Jörg Merk
EDV- und Unternehmensberatung
Brawaweg 5
85465 Langenpreising
Tel.: 08762-7265890
Fax: 08762-7265891
Mail: jm@edvberatung-jm.de
Internet: www.edvberatung-jm.de
Kundennummer beim Lieferanten: 10622
Zahlungskonditionen: sofort fällig
Bankverbindung: Sparkasse Dachau
BLZ 700 515 40, Kto. 989855
Ansprechpartner: Jörg Merk

Lief-Nr.	Matchcode	Firma
70000	Conrad Electronic - Hirschau	Conrad Electronic SE
70001	Jörg Merk - Langenpreising	Jörg Merk EDV- und Unternehmensberatu

Lieferanten Monate · 2009 · Februar ·

A B C D E F G H I J K L M N O P Q R S T U V W X Y

LIEFERANTEN: So sieht die Übersicht nach der Erfassung unserer Lieferanten aus.

Der Artikelstamm

Für die Anlage des Artikelstamms ist es hilfreich, bereits im Vorfeld einige Punkte zu klären, insbesondere:

Wie viele Stellen soll die Artikelnummer maximal haben?

Welche Warengruppen gibt es?

Welche Konten in der Finanzbuchhaltung sollen angesprochen werden?

Gerade für die Artikelnummer gibt es in den einzelnen Firmen die unterschiedlichsten Vorgaben, welche Informationen bereits in der Nummer verschlüsselt werden. So beginnt die Artikelnummer häufig mit den Ziffern der Warengruppe, dann folgt die Artikeluntergruppe und anschließend eine fortlaufende Nummer[18]. Aber es gibt keine allgemein gültigen Regeln, hier kann jeder sein eigenes Konzept entwickeln. Wichtig ist im Zweifel nur, die Struktur so aufzubauen, dass das System auch alle erforderlichen Artikel aufnehmen kann und nicht bereits im 1. Jahr schon wieder geändert werden muss.

Natürlich kann man diese Punkte auch später noch verändern; dann müssen jedoch alle bis zu diesem Zeitpunkt bereits erfassten Artikel geändert werden und wir haben einen Bruch bei unseren Auswertungen. Jedes Mal, wenn Sie z.B. die Warengruppen neu definieren, können Sie die Änderung nicht mehr in historische Daten übernehmen, d.h. alle zu diesem Zeitpunkt bereits berechneten Artikel bleiben für Auswertungen in der alten Warengruppe.

 Wichtig

Um uns die Arbeit zu erleichtern, werden wir unsere Warengruppen jeweils vor der Erfassung unserer Artikel anlegen, denn in der Lexware warenwirtschaft pro 2008 erfolgt die Zuordnung der Konten (Erlöse und Wareneinsatz) nicht im Artikel, sondern in der Warengruppe.

Unter **Warenwirtschaft → Verwaltung → Artikel** können wir unseren ersten Artikel anlegen. Die Artikelnummer kann dabei völlig frei vergeben werden. Wir wollen in unserem Beispiel eine ganz einfache Struktur und beginnen mit der Artikelnummer 1000 und vergeben die Nummern einfach fortlaufend.

Praxistipp

Wählen Sie den Nummernkreis ruhig sehr großzügig, denn Sie sollten eine einmal vergebene Artikelnummer später nicht mehr für einen anderen Artikel neu vergeben. Das würde Unstimmigkeiten für Ihre Auswertungen mit sich bringen. Wenn Sie also davon ausgehen, dass Sie mehr als 8999 Artikel benötigen, fangen Sie lieber mit 10000 an.

---

[18] Denken Sie bei solchen Systemen daran: je enger das Korsett, das Sie hier vorgeben, desto höher die Wahrscheinlichkeit, dass es irgendwann zu eng wird.

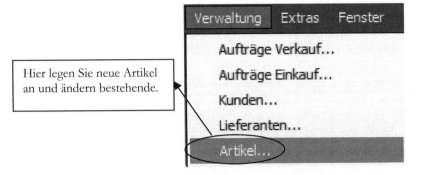

Hier legen Sie neue Artikel an und ändern bestehende.

AUFRUF ARTIKELSTAMM.

Wählen Sie aus, ob Sie einen neuen Artikel oder eine neue Warengruppe anlegen wollen.

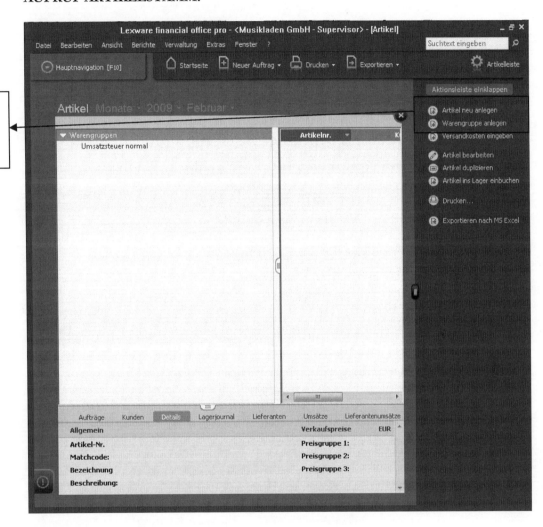

ARTIKEL. Hier legen Sie Warengruppen und Artikel an.

Anders als in so manch anderem Programm werden in der Lexware warenwirtschaft pro die Konten für die Buchung von Wareneinkauf und Verkaufserlösen in der Warengruppe. und nicht im Artikelstamm.

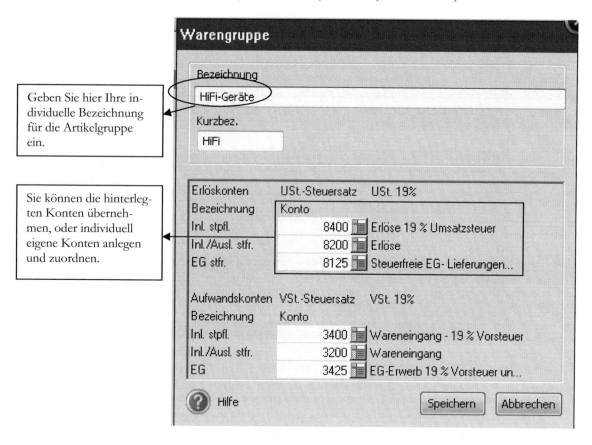

Die Vorlage Umsatzsteuer normal wird vom System bei Neuanlage einer Firma vom Programm angelegt

ARTIKELÜBERSICHT. Beginnen Sie mit den Warengruppen; hier werden die Konten für die Übergabe in den Buchhalter zugeordnet.

Nutzen Sie die Warengruppe Umsatzsteuer normal als Vorlage für ihre erste Warengruppe. Markieren Sie die Warengruppe, drücken Sie die rechte Maustaste und wählen Sie bearbeiten, um die Vorlage auf Ihre eigene Warengruppe zu ändern.

Die vom Programm verwendete Bezeichnung der Warengruppen mit Steuerschlüssel bietet sich an, wenn Sie Produkte mit unterschiedlichen Steuersätzen verkaufen, wie Bücher, Lebensmittel, Pflanzen, Briefmarken, etc.

Geben Sie hier Ihre individuelle Bezeichnung für die Artikelgruppe ein.

Sie können die hinterlegten Konten übernehmen, oder individuell eigene Konten anlegen und zuordnen.

ARTIKEL - WARENGRUPPEN. Kreditorenkonto bitte anlegen.

In der Warengruppe tragen Sie die Bezeichnung HiFi-Geräte ein und im Feld Kurzbezeichnung nur HiFi. Die eingetragenen Konten können Sie 1:1 übernehmen. Wenn Sie hier eine eigene Kontenstruktur anlegen wollen, stimmen Sie das bitte mit Ihrer Buchhaltung und /oder Ihrem Steuerberater ab.

In der Warengruppe werden sowohl die Konten für den Einkauf, als auch die Konten für den Verkauf zugeordnet. Dabei gibt es auf jeder Seite (Verkauf und Einkauf) 3 Konten:

-   mit 19% Steuer (Inland)

-   ohne Steuer (Ausland ohne EU)

-   Innergemeinschaftl. Erwerb (EU)

Die Auswahl des Steuersatzes im Vorgang erfolgt über das Steuerkennzeichen im Kundenstamm bzw. Lieferantenstamm. In Abhängigkeit davon prüft das Programm bei Erstellung eines Auftrags oder einer Bestellung automatisch, welches Konto anzusprechen ist.

Als nächstes drücken im Fenster unter der Artikelnummer wieder die rechte Maustaste und wählen neu, um Ihren ersten Artikel zu erfassen.

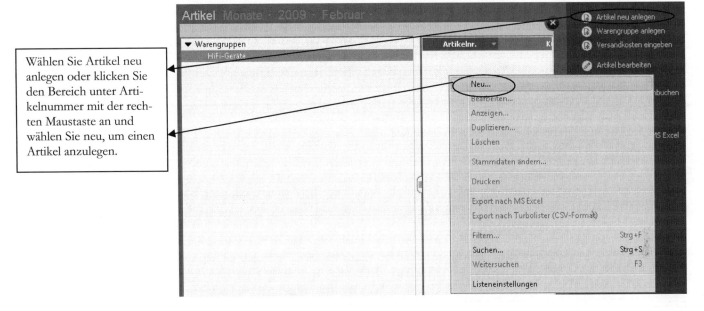

Wählen Sie Artikel neu anlegen oder klicken Sie den Bereich unter Artikelnummer mit der rechten Maustaste an und wählen Sie neu, um einen Artikel anzulegen.

ARTIKEL ANLEGEN. Sie haben jetzt 2 verschiedene Möglichkeiten, einen neuen Artikel anzulegen.

Unsere erste Artikelnummer lautet: 1000. Damit legen wir unseren 1. Artikel in unserer Warengruppe HiFi-Geräte an.

Die Anzahl der Reiter kann, je nach Einstellung in den Firmendaten, variieren. So gibt es z.B. einen eigenen Button für die Kalkulation, der nur zu sehen ist, wenn diese Option auch gewählt wurde.

Legen Sie fest, ob für diesen Artikel die Bestandsführung genutzt werden soll.

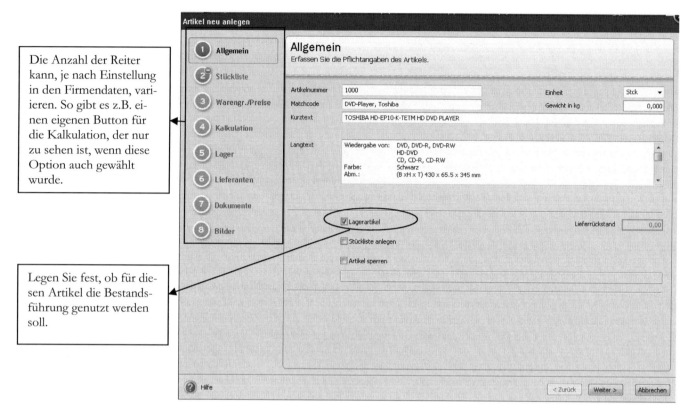

ARTIKEL - ALLGEMEIN. Unter Allgemein werden Grunddaten des Artikels, wie Artikelnummer, Bezeichnung, Langtext und Mengeneinheit erfasst.

Optional können Sie für einen Artikel auch eine Stückliste anlegen. Bei Stücklistenartikeln werden beim Verkauf die hinterlegten Einzelteile vom Lager abgebucht.

📖 **Praxistipp**

Wenn Sie bei Ihren Artikeln generell das Gewicht eingeben, sehen Sie im Lieferschein sofort das Gesamtgewicht der Lieferung. Das ist hilfreich für die Wahl der optimalen Versandart und die Ermittlung der Frachtkosten.

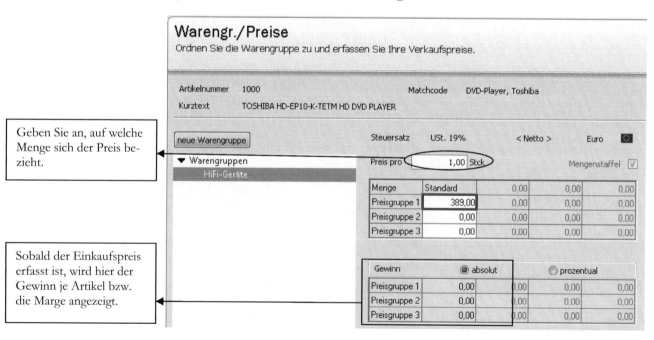

Geben Sie an, auf welche Menge sich der Preis bezieht.

Sobald der Einkaufspreis erfasst ist, wird hier der Gewinn je Artikel bzw. die Marge angezeigt.

WARENGRUPPE/PREISE. Im Firmenstamm haben Sie bereits festgelegt, dass Sie mit Nettopreisen arbeiten. Pro Artikel können Sie 3 Preise hinterlegen. Die Zuordnung zur Preisgruppe erfolgt im Kundenstamm.

Neben der Verwendung von bis zu 3 Preislisten (Preisgruppen) besteht auch noch die Möglichkeit, für jede Preisliste eine eigene Mengestaffel zu definieren. Die Freischaltung dieser Funktion erfolgt ebenfalls im Firmenstamm. Wenn Sie mit Mengenstaffel arbeiten, können sie die Menge, ab der ein neuer Preis gelten soll selbst festlegen.

Die Möglichkeiten der Kalkulation eines Artikels werden wir im Kapitel Tipps und Tricks am Ende unseres Schulungshandbuches erläutern. Bevor Sie diese Möglichkeit nutzen, sollten Sie mit dem generellen Programmablauf des Programms vertraut sein, weil Ihnen sonst wesentliche Elemente für das Verständnis der Kalkulation und Ihrer Auswirkungen auf die Warenwirtschaft fehlen.

Auf der nächsten Seite geht es weiter mit dem Lager. In der pro Version gibt es nur einen Lagerort, so dass die Bezeichnung des Lagerortes in dieser Version nur informativen Charakter hat. In dieser Maske können Sie einen Mindestbestand hinterlegen und manuelle Lagerbewegungen buchen[19]. Außerdem werden an dieser Stelle alle Lagerbewegungen des ausgewählten Artikels angezeigt.

Tragen Sie hier die Bezeichnung des Lagerortes ein. Da Sie in dieser Version nur mit einem Lagerort arbeiten können, ist das allerdings nicht zwingend erforderlich.

Wenn Sie einen Mindestbestand eingeben, erhalten Sie bei Unterschreitung desselben einen Hinweis.

Optional können Sie direkt im Artikelstamm manuelle Lagerbewegungen erfassen.

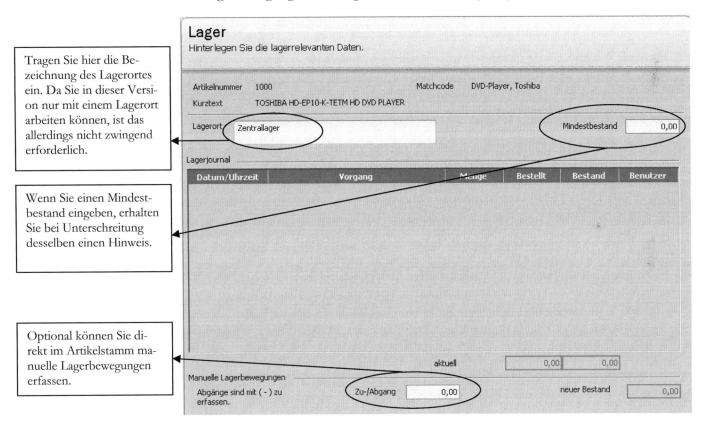

LAGER. Legen Sie bei Bedarf einen Mindestbestand fest und erfassen Sie optional manuell Ihre Lagerbewegungen.

Auf der Seite Lieferanten haben Sie die Möglichkeit, dem Artikel beliebig viele Lieferanten zuzuordnen inkl. Einkaufspreis. Neben dem Einkaufspreis werden auch Bestellmenge, Lieferzeit und Artikelnummer beim Lieferanten erfasst.

---

[19] Das ist vor allem hilfreich zur Erfassung der Anfangsbestände, wenn Sie im laufenden Betrieb auf eine neue Software umstellen. Im normalen Geschäftsablauf sollten Sie die Lager Zu- und Abgänge ausschließlich über den Wareneingang oder Lieferscheine buchen. Die manuelle Buchung ist dann höchstens erforderlich, um Fehlbestände zu korrigieren.

Als Unterstützung für Firmen aus dem Handwerks- und Handelsbereich gibt es die Möglichkeit, Artikeldaten über eine Datanormschnittstelle[20] (Version 4 oder 5) einzulesen und zu aktualisieren.

Sobald Sie hier auf der Seite Lieferanten den ersten Eintrag mit Einkaufspreis gemacht haben, wird automatisch auf der Seite Warengruppe/Preise die Marge für diesen Artikel angezeigt.

Geben Sie hier die Lieferantennummer ein und ergänzen Sie die Artikeldaten für diesen Lieferanten.

Tragen Sie hier die Bestellnummer des Artikels bei Ihrem Lieferanten ein. Diese kann von Ihrer Artikelnummer abweichen.

Im unteren Bereich können Sie festlegen, wie der Rohertrag für diesen Artikel zu ermitteln ist. Der Rohertrag zeigt Ihnen an, ob es im Einzelfall möglich ist dem Kunden einen Rabatt zu gewähren.

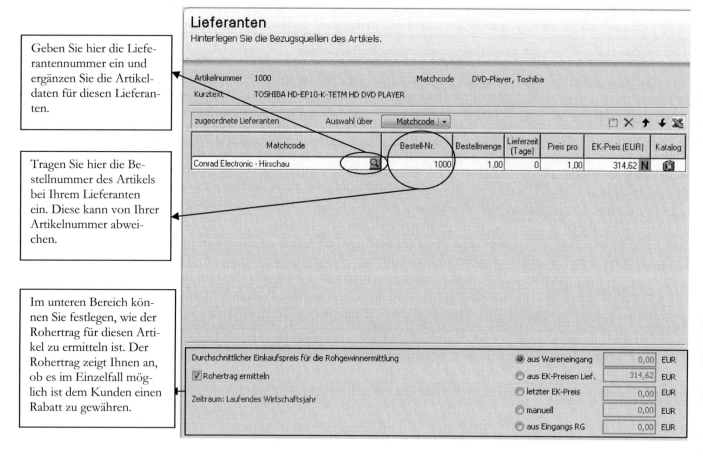

LIEFERANTEN. Hier können Sie beliebig viele Lieferanten zuordnen.

Abschließend haben Sie noch die Möglichkeit, Dokumente und Bilder zum Artikel zu erfassen. Diese Bilder können für die Ebay-Schnittstelle ebenso genutzt werden, wie für eine Shopanbindung oder den Druck im Angebot.

🗁 **Wichtig**

Bitte achten Sie besonders bei Netzwerkinstallationen darauf, dass die Bilder in einem Ordner abgelegt werden, auf den alle Benutzer Zugriff haben und der für alle über identische Laufwerkspfade zu erreichen ist.

Nach der Erfassung des Artikels sehen Sie die wichtigsten Daten in der Artikelübersicht.

---

[20] Datanorm ist ein Standardverfahren für den Artikel- Stammdatenaustausch zwischen Herstellern, Fachhändlern und dem Handwerk. Grundlage sind Satzbeschreibungen, die der DATANORM-Arbeitskreis Datenaustausch unter Mitarbeit von Verbänden, Herstellern, Fachhändlern und Softwarehäusern festgelegt hat. Neben dem Import der Artikeldaten ist auf diesem Wege auch die laufende Preispflege realisiert. Diese Variante ist vor allem für Firmen mit großem Sortiment eine spürbare Hilfe bei der Datenpflege.

Lernzielkontrolle

☺ **Testen Sie Ihr**

   Wissen

1) Wie viele Preislisten können Sie im Artikelstamm pflegen?

2) Wie erfolgt die Zuordnung Kunde/Verkaufspreis?

Praktische Übungen

Legen Sie die folgenden Artikel an:

⌨ **Tastaturübungen**

1) Artikelnummer: **1000**, Lieferant: 70000, Conrad Electronic,
   Kurzbezeichnung: TOSHIBA HD-EP10-K-TETM HD DVD PLAYER,
   Mengeneinheit: Stck (Stück), WGR 100 (HiFi Geräte), EK: 314,62; VK 1
   393,28
   Zusatztext:

Wiedergabe von:	DVD, DVD-R, DVD-RW
	HD-DVD
	CD, CD-R, CD-RW
Farbe:	Schwarz
Abm.:	(B xH x T) 430 x 65.5 x 345 mm
Anschlüsse:	2 Kanal Audio (Analog)
	Digital Audio (optisch)
	Komponenten Video Ausgang
	Composite Video Ausgang
	S-Video Ausgang
	HDMI
	Ethernet Anschluss (RJ45)
	2 x Erweiterungsanschlüsse

2) Artikelnummer **V1**,
   Bezeichnung 1: Fracht und Verpackung, Mengeneinheit: Psch,
   Artikelgruppe Fracht und Verpackung
   Lagerführung (Feld 15): Keine
   EK 0,00, VK1 0,00
   d.h. der Preis wird individuell pro Lieferung eingegeben

3) Artikelnummer 1**001**;
   Bezeichnung 1: Die Simpsons – Der Film – 2007, DVD
   Artikelgruppe Filme, Mengeneinheit: Stck
   EK: 10,50; VK1 15,00
   Lieferant: Conrad Electronic, Mindestbestellmenge 1, Lieferzeit: 2 Tage.

4) Legen Sie die Warengruppe 999 mit der Bezeichnung: **Sonstige** an.

Zur besseren Kontrolle hier die Artikelübersicht nach Erfassung aller Artikel.

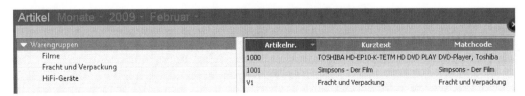

ARTIKELÜBERSICHT. So sieht die Artikelübersicht nach Erfassung aller Artikel aus.

Stammdatenlisten

Um die erfassten Daten zu kontrollieren, ist es hilfreich, sich eine Liste mit den ein-gegebenen Datensätzen zu drucken. Der Aufbau dieser Auswertungen ist in allen Bereichen vergleichbar. Wir zeigen die Funktionalität am Beispiel der Kundenliste. Unter **Warenwirtschaft → Kunden → rechte Maustaste + drucken** finden Sie die Möglichkeit, Kundenlisten in den verschiedenen Variationen zu drucken.

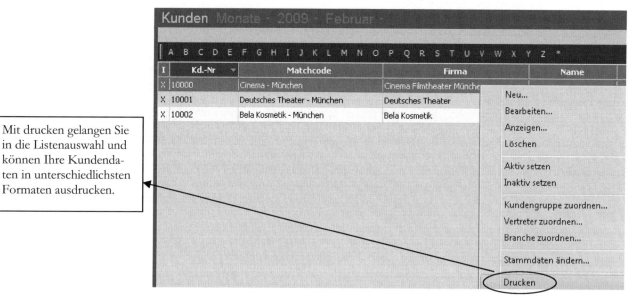

Mit drucken gelangen Sie in die Listenauswahl und können Ihre Kundenda-ten in unterschiedlichsten Formaten ausdrucken.

KUNDENÜBERSICHT. Mit der rechten Maustaste öffnen Sie das vollständige Menü.

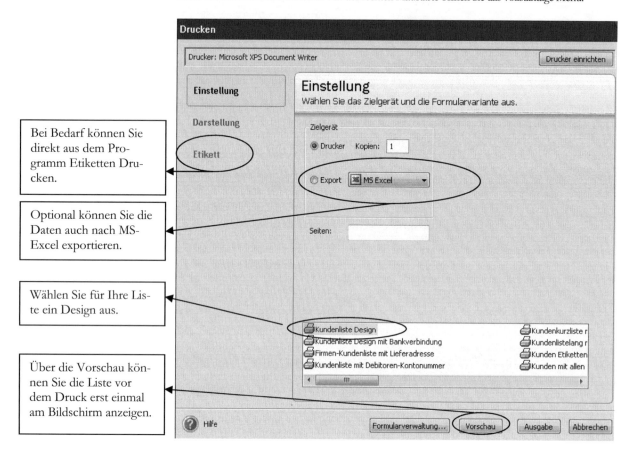

Bei Bedarf können Sie direkt aus dem Pro-gramm Etiketten Dru-cken.

Optional können Sie die Daten auch nach MS-Excel exportieren.

Wählen Sie für Ihre Lis-te ein Design aus.

Über die Vorschau kön-nen Sie die Liste vor dem Druck erst einmal am Bildschirm anzeigen.

KUNDENLISTE. Wählen Sie aus den angebotenen Varianten die für Ihre Zwecke passende aus.

Musikladen GmbH, Rosenstr. 3, 85238 Petershausen

Kundenliste

Kunden Nr.	Matchcode	Firma	Ansprechpartner	Telefon	Telefax
10000	Cinema - München	Cinema Filmtheater München	Claudia Huber	089-555255	089-594559

KUNDENLISTE. Die Möglichkeiten der Auswahl beim Druck einer Kundenliste sind vielfältig.

Welche Linien in der Liste gedruckt werden, können Sie unter dem Reiter Darstellung einstellen. Optional können Sie dort auch Farben einstellen und die einzelnen Bereiche mit einer Schraffur (Hintergrundfarbe) hinterlegen.

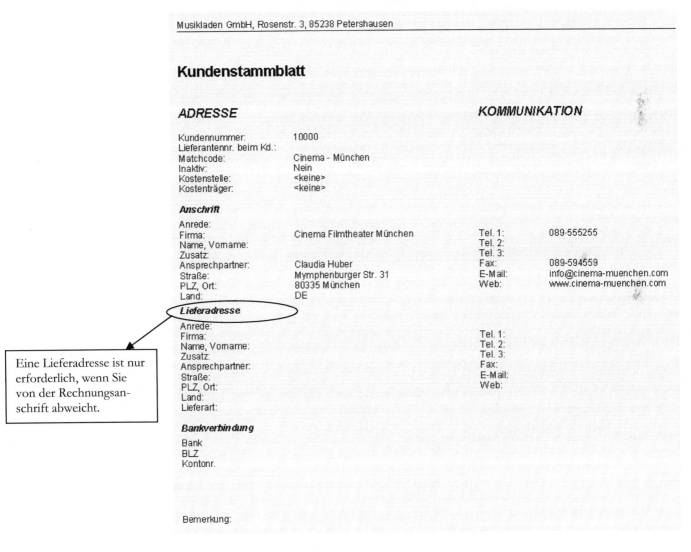

Musikladen GmbH, Rosenstr. 3, 85238 Petershausen

Kundenstammblatt

ADRESSE   **KOMMUNIKATION**

Kundennummer: 10000
Lieferantennr. beim Kd.:
Matchcode: Cinema - München
Inaktiv: Nein
Kostenstelle: <keine>
Kostenträger: <keine>

Anschrift

Anrede:
Firma: Cinema Filmtheater München   Tel. 1:   089-555255
Name, Vorname: Tel. 2:
Zusatz: Tel. 3:
Ansprechpartner: Claudia Huber   Fax: 089-594559
Straße: Mymphenburger Str. 31   E-Mail: info@cinema-muenchen.com
PLZ, Ort: 80335 München   Web: www.cinema-muenchen.com
Land: DE

Lieferadresse

Anrede:
Firma: Tel. 1:
Name, Vorname: Tel. 2:
Zusatz: Tel. 3:
Ansprechpartner: Fax:
Straße: E-Mail:
PLZ, Ort: Web:
Land:
Lieferart:

Bankverbindung

Bank
BLZ
Kontonr.

Bemerkung:

> Eine Lieferadresse ist nur erforderlich, wenn Sie von der Rechnungsanschrift abweicht.

KUNDENSTAMMBLATT. Für die Prüfung der erfassten Daten bietet sich das Kundenstammblatt an. Hier sehen Sie alle beim Kunden erfassten Daten auf einen Blick.

Beim Druck von Listen unterscheiden wir in der Auswahl nach 3 Arten von Listen:

Die Kundenliste: Hier finden Sie eine Auswahl von Feldern aus dem Kundenstamm, die von Liste zu Liste variieren.

Das Kundenstammblatt: Im Kundenstammblatt werden alle im Kundenstamm erfassten Daten gedruckt. Ideal zur Kontrolle.

Etiketten: Drucken Sie hier Ihre Kundenetiketten. Wenn Sie für den Druck eine Etikettenvorlage auswählen, können Sie unter dem Reiter Etikett sowohl das Etikettenformat als auch die Zahl der gewünschten Etiketten eingeben.

Die Listen können auf jedem beliebigen Drucker ausgedruckt werden[21]. In der Anfangsphase empfiehlt es sich, die Druckvorschau zu nutzen und erst einmal am Bildschirm zu prüfen, ob die gewählte Liste den eigenen Vorstellungen entspricht.

Wenn Sie über einen Farbdrucker verfügen, können Sie im Dokument auch mit Farben arbeiten.

Hier legen Sie fest, ob die einzelnen Felder in der Liste durch Linien getrennt werden sollen (ähnlich der Gitternetzlinien in MS-Excel).

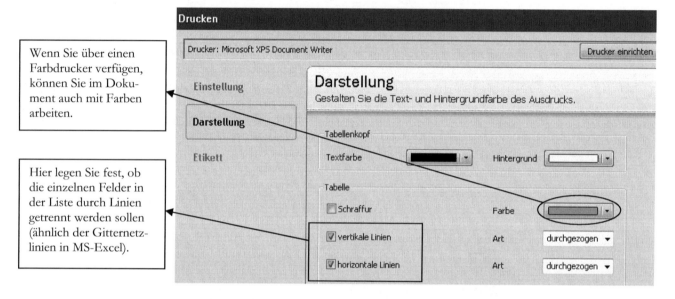

DARSTELLUNG. Legen Sie fest, welche Linien gedruckt werden sollen.

Lernzielkontrolle

☺ **Testen Sie Ihr Wissen**

1) Warum ist es sinnvoll, die Druckvorschau zu benutzen?

2) Welche zusätzlichen Möglichkeiten bietet Ihnen ein Datenexport nach Excel?

Praktische Übungen

⌨ Tastaturübungen

1) Drucken Sie eine Artikelliste sortiert nach Artikelnummer.

2) Prüfen Sie an Hand der Liste, ob Sie alle Artikel korrekt erfasst haben.

---

[21] Voraussetzung dafür ist, dass der entsprechende Drucker im Windows eingerichtet ist. Dabei greift Lexware automatisch auf den im Windows als Standarddrucker markierten Drucker zu.

Das Angebot

Lernen Sie im Folgenden, wie Sie Angebote erstellen, kopieren und auf Wiedervorlage legen.

Das Angebot ist die erste Stufe der Belegerfassung. Hier werden dem Kunden Waren und Dienstleistungen angeboten, ohne dass bereits eine Reservierung der Ware erfolgen würde. Anschließend können Sie das Angebot bei Auftragserteilung durch den Kunden direkt weiterverarbeiten. Bis es zum Auftrag kommt, können Sie Ihr Angebot regelmäßig mit Hilfe der Angebotswiedervorlage nach verfolgen.

Die Angebotserfassung

Unter **Warenwirtschaft → Datei → neu → Angebot** können wir jetzt unser erstes Angebot erfassen. Die Angebotsnummer wird automatisch fortlaufend vergeben. Alternativ haben Sie neu die Möglichkeit, über das Icon Angebot ein neues Angebot zu erstellen.

Wählen Sie Angebot neu.

Die Schaltfläche wird aktiviert, sobald Sie den Mauszeiger über das Icon bewegen.

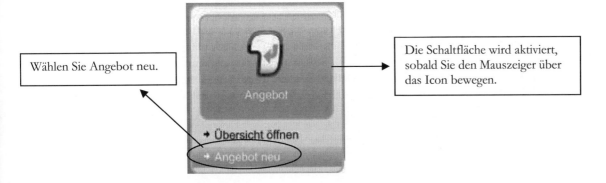

AUFTRAGSASSISTENT. Legen Sie fest, welchen Vorgang Sie anlegen wollen.

🗁 **Wichtig**

Bei der Neuerfassung erscheint im Feld Angebotsnummer das Wort Auto-Nr.. Die Angebotsnummer wird erst beim Druck vergeben. Hintergrund: die Vorgangsnummern in der Auftragsbearbeitung sind immer fortlaufend. Würde das System jetzt bei der Erfassung bereits eine Nummer vergeben, hätten Sie im Mehrplatz keine fortlaufenden Nummern mehr gewährleistet, denn solange Sie die Erfassung nicht abgeschlossen haben, können Sie das Angebot (den Vorgang) jederzeit verwerfen.

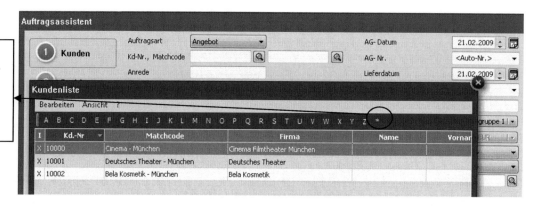

Wenn der Stern markiert ist, werden alle Kunden angezeigt. Bei großen Datenbeständen ist eine Vorauswahl über den Anfangsbuchstaben sinnvoll.

ANGEBOT. Wählen Sie den Kunden aus, entweder durch Klick auf die Lupe oder mit F3 oder geben Sie direkt die Kundennummer ein.

Als nächstes können Sie die Kundennummer eingeben oder mit **F3** oder einem Mausklicke auf die Lupe neben dem Feld Kundennummer nach dem gewünschten Kunden suchen[22]. Wir erfassen ein Angebot für das Deutsche Theater (D10001). Im **Feld 11** (Datum) geben wir den 03.01.2009 ein (030109) und im Feld Bearbeiter wählen wir den Namen des Bearbeiters. Jetzt noch das Häkchen setzen für die Wiedervorlage und schon geht es über die Schaltfläche weiter zur Positionserfassung. Alternativ können Sie auch in der Übersicht links neben dem Angebot die Positionserfassung anklicken, um fortzufahren.

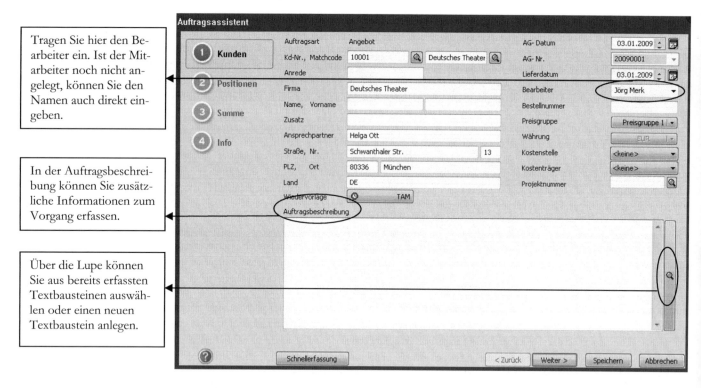

Tragen Sie hier den Bearbeiter ein. Ist der Mitarbeiter noch nicht angelegt, können Sie den Namen auch direkt eingeben.

In der Auftragsbeschreibung können Sie zusätzliche Informationen zum Vorgang erfassen.

Über die Lupe können Sie aus bereits erfassten Textbausteinen auswählen oder einen neuen Textbaustein anlegen.

ANGEBOT - KUNDENDATEN. Über die Kundennummer werden die Kundendaten aus dem Kundenstamm übernommen. Zusätzlich können weitere Informationen, wie Bearbeiter, Projekt, Kostenstelle und Ähnliches im Angebot erfasst werden..

---

[22] Optional können Sie auch im Feld Matchcode die Anfangsbuchstaben des Namens eingeben und dann **F3** drücken, dann sucht das Programm gleich direkt nach dem richtigen Datensatz und zeigt eine bereits selektierte Auswahl an.

Die Positionserfassung beginnt mit der Auswahl der Positionsart. Dabei stehen Ihnen die folgenden Alternativen zur Verfügung:

Die einzelnen Positions-typen sind mit unter-schiedlichen Funktionali-täten ausgestattet.

POSITIONSTYPEN. Wählen Sie zuerst den gewünschten Positionstypen aus.

Stammartikel: Wählen Sie über F2 einen Artikel aus oder geben Sie die Artikelnummer ein. Alle Artikel müssen im Artikelstamm erfasst sein.

Manueller Artikel: Mit der Auswahl manueller Artikel ist es möglich, einen beliebigen Text zu erfassen, einen Preis einzugeben und das ganze als Position im Vorgang zu speichern. Im Hintergrund erfolgt die Zuordnung zu den im Standard hinterlegten Konten im Buchhalter.

Lohnleistungen: Unter Lohnleistungen können Sie Ihre Stundensätze erfassen[23].

Textposition: Mit einer Textposition können Sie beliebig Texte erfassen oder vorhandene Textbausteine auswählen. Die erfassten Texte werden auch in Folgevorgänge (Auftrag, Lieferschein,...) mit übernommen. Im Gegensatz zur Angebotsbeschreibung werden hier Texte erfasst, die sich unmittelbar auf einen Titel oder einen einzelnen Artikel beziehen.

Nebenleistung: Unter Nebenleistung können Sie Dinge wie Porto erfassen, wenn Sie diese Positionen am Ende des Vorgangs separat ausweisen und vom Rabatt ausschließen wollen.

Zwischensumme: Hier haben Sie die Möglichkeit, an beliebiger Stelle eine Zwischensumme einzufügen.

Kommentar: Ein Kommentar bietet die Möglichkeit, zusätzliche Informationen als Text zu erfassen, ähnlich einem Textbaustein. Der Unterschied besteht darin, dass Sie im Vorgang festlegen können, ob Kommentare auch gedruckt werden sollen, oder nicht.

Seitenumbruch: Diese Funktion gibt Ihnen die Möglichkeit, an jeder beliebigen Stelle eine neue Seite anzufangen. Das ist z.B. sinnvoll, wenn Sie Ihr Angebot in einzelne Bereiche gliedern möchten, die auch optisch von einander abgesetzt werden sollen, wie es z.B. bei Titeln der Fall ist.

---

[23] Angelegt werden die Lohnleistungen unter **Verwaltung → Leistungen → Lohnleistungen.**

In unserem Beispiel ist die erste Position eine Textposition. Dabei können Sie mit der Tastenkombination **STRG + ENTER** eine Zeilenschaltung machen.

Eine manuelle Zeilenschaltung machen Sie mit **Strg. + Enter/Return**.

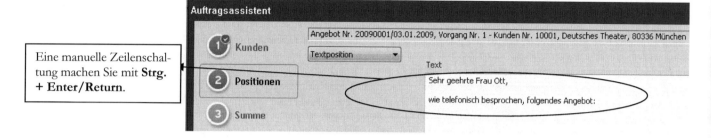

ANGEBOTSERFASSUNG. Wir beginnen unser Angebot mit einem einleitenden Text. Dieser könnte alternativ auch in der Auftragsbeschreibung erfasst werden.

Wir wechseln den Typ auf Artikel und erfassen die gewünschten Artikel für unseren Vorgang. In unserem Beispiel interessiert sich unser Kunde für einen **DVD-Player**. Standardmäßig berechnen wir für diese Lieferung eine Pauschale für **Fracht und Verpackung** in Höhe von **EUR 15,--**.

Die Artikeldaten werden aus dem Artikelstamm übernommen. Die Preise können jederzeit vorgangsbezogen individuell geändert werden.

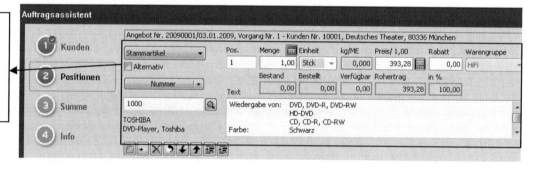

ANGEBOT - POSITIONSERFASSUNG. Nach unserem einleitenden Text werden die einzelnen Artikel/Positionen erfasst.

Mit einem Mausklick auf die Lupe rechts neben dem Eingabefeld unter dem Wort Bezeichnung öffnen Sie die Artikelliste. Diese wird am rechten Bildschirmrand eingeblendet. Mit einem Doppelklick auf den Ordner Warengruppen können Sie die einzelnen Unterordner ein oder ausblenden. Angezeigt werden immer alle Artikel aus dem gerade geöffneten Ordner.

Wählen Sie die entsprechenden Artikel aus der Liste aus oder geben Sie die Artikelnummer ein. Wir brauchen in unserem Beispiel die Artikel # **1000** und den Artikel Fracht und Verpackung, **V1**.

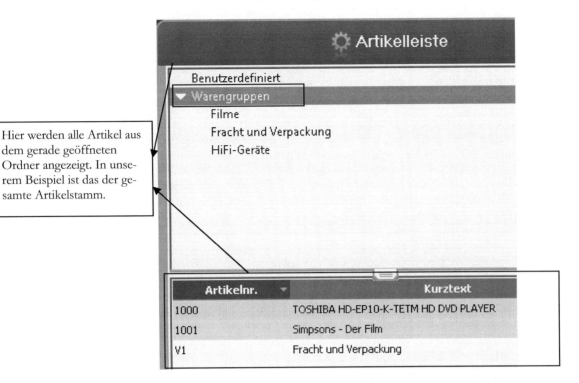

Hier werden alle Artikel aus dem gerade geöffneten Ordner angezeigt. In unserem Beispiel ist das der gesamte Artikelstamm.

ANGEBOT - ARTIKELAUSWAHL. Neben der Maske zur Positionserfassung können Sie eine Artikelübersicht einblenden und in dieser den gewünschten Artikel mit Doppelklick übernehmen.

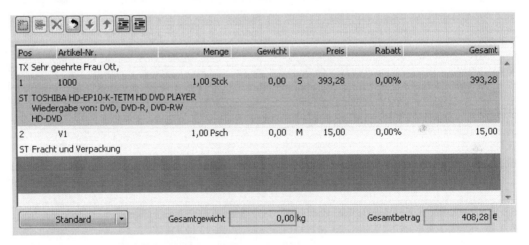

ANGEBOT - POSITIONSÜBERSICHT. Hier die Positionsübersicht mit allen erfassten Positionen.

Wenn Sie mit Ihrer Erfassung fertig sind, klicken Sie auf weiter. Auf der nächsten Seite finden Sie neben Zahlungsbedingungen und Lieferart eine wertmäßige Übersicht Ihres Angebotes: Sie sehen den Rechnungsbetrag, Rabatte, Steuer und Marge. So können Sie nochmals prüfen, ob die erfassten Positionen auch noch einen Gewinn bringen. Außerdem sehen Sie bei Verhandlungen mit dem Kunden sofort, ob im Zweifel noch ein Rabatt gewährt werden kann oder ob es nicht sinnvoller ist, auf diesen Auftrag zu verzichten.

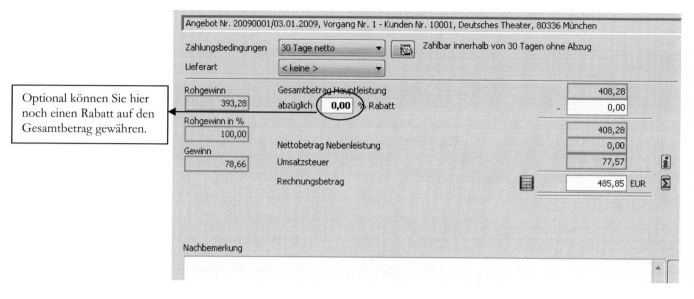

Optional können Sie hier noch einen Rabatt auf den Gesamtbetrag gewähren.

ANGEBOTSERFASSUNG - SUMME. Auf der Summenseite haben Sie noch einen Überblick in Zahlen.

Sie können die Zahlungskonditionen, Lieferart und Rabatt hier auf der Summenseite ändern oder auch später, bei der Weiterführung des Angebots in einen Auftrag noch individuelle Änderungen vornehmen.

Jetzt können Sie das Angebot ausdrucken oder direkt per Mail an Ihren Kunden verschicken.

Wählen Sie ein oder mehrere Optionen.

ANGEBOT DRUCKEN. Setzen Sie ein Häkchen für die gewünschte Option.

Für den Druck stehen Ihnen unterschiedliche Formularvarianten zur Verfügung. Verschaffen Sie sich einen Überblick, indem Sie die unterschiedlichen Varianten in der Druckvorschau anzeigen und anschließend die für Sie optimale Variante ausdrucken.

Bei Bedarf gibt es über die Formularverwaltung die Möglichkeit, individuelle Anpassungen vorzunehmen.

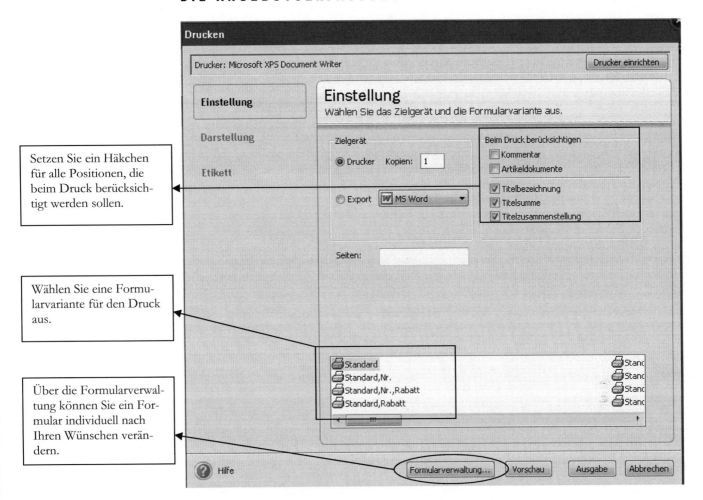

Setzen Sie ein Häkchen für alle Positionen, die beim Druck berücksichtigt werden sollen.

Wählen Sie eine Formularvariante für den Druck aus.

Über die Formularverwaltung können Sie ein Formular individuell nach Ihren Wünschen verändern.

ANGEBOT - DRUCKEN. Nutzen Sie die Vorschau, um Ihr Angebot am Bildschirm zu prüfen.

In der Praxis drucken Sie in der Regel auf Briefpapier. Wenn Sie auf weißes Papier drucken möchten, ist es erforderlich, alle steuerlich relevanten Informationen in das Formular einzutragen, insbesondere Dinge, wie:

Name und vollständige Anschrift Ihrer Firma inkl. Telefon, Fax, Mail

Name des Geschäftsführers

Eigene Steuernummer oder USt.-Id., Bankverbindung, Handelsregistereintrag

Musikladen GmbH,Rosenstr. 3,85238 Petershausen

Deutsches Theater
Helga Ott
Schwanthaler Str. 13

80336 München
DE

Kunden Nr.:	10001
Bearbeiter:	Jörg Merk
Steuernr.:	
Lieferdatum:	03.01.2009
Datum:	03.01.2009

Die Angebotsnummer wird immer erst beim Druck vergeben.

Angebot Nr. 20090001

Pos	Menge		Text	Einzelpreis EUR	Gesamtpreis EUR
1	1,00	Stck	Sehr geehrte Frau Ott, wie telefonisch besprochen, folgendes Angebot: TOSHIBA HD-EP10-K-TETM HD DVD PLAYER Wiedergabe von: DVD, DVD-R, DVD-RW 　　　　　　　HD-DVD 　　　　　　　CD, CD-R, CD-RW Farbe:　　　Schwarz Abm.:　　(B x H x T) 430 x 65.5 x 345 mm Anschlüsse:　2 Kanal Audio (Analog) 　　　　　Digital Audio (optisch) 　　　　　Komponenten Video Ausgang 　　　　　Composite Video Ausgang 　　　　　S-Video Ausgang 　　　　　HDMI 　　　　　Ethernet Anschluss (RJ45) 　　　　　2 x Erweiterungsanschlüsse	393,28	393,28
2	1,00	Psch	Fracht und Verpackung	15,00	15,00
			Gesamt Netto		408,28
			zzgl. 19,00 % USt. auf	408,28	77,57
			Gesamtbetrag		**485,85**

Zahlbar innerhalb von 30 Tagen ohne Abzug

ANGEBOT - VORSCHAU. So sieht unser Angebot aus. Wenn Sie mit keinem der angebotenen Formulare zufrieden sind, können Sie über den Formulargestalter individuelle Anpassungen vornehmen.

　📖 **Praxistipp**

Wenn Sie Ihre Formulare anpassen/anpassen lassen, ist es sinnvoll, gleich alle gewünschten Formulare auf einmal anzupassen[24]. Dabei ist es auch möglich, mit verschiedenen Formularvarianten zu arbeiten. So können Sie, wenn Sie mit eigenem Briefpapier arbeiten, für den Versand per Mail oder Fax eine eigene Formularvariante anlegen, in die Sie Ihr Logo einbinden und alle im Briefpapier enthaltenen Informationen im Formular erfassen. Die letzte Alternative ist, das Briefpapier zu scannen und im Druckertreiber zu hinterlegen, sofern diese Funktion unterstützt wird (möglich z.B. bei Tobit Faxware, PDF-Mailer pro und anderen).

Nach der Angebotserfassung haben Sie die Möglichkeit, unter **Warenwirtschaft →** **Berichte → Auftragsliste** eine Liste der offenen Angebote zu drucken um diese regelmäßig nachzufassen oder Sie arbeiten mit der Wiedervorlage.

　📖 **Praxistipp**

Im Idealfall sollten Sie sich später angewöhnen, z.B. jeden Freitag die Liste offene Angebote/Aufträge zu drucken und durchzuarbeiten. Falls erforderlich, haben Sie jetzt noch die Möglichkeit, zusätzliche Informationen und Unterlagen zu den angebotenen Produkten zu besorgen. Dann können Sie am Wochenanfang vorbereitet

---

[24] Machen Sie sich eine Liste, welche Formulare Sie benötigen, bevor Sie Anpassungen vornehmen. Nicht jede Firma verwendet alle Formulare. Insbesondere Formulare wie Packliste, Werkstattauftrag oder Proformarechnung sind unter Umständen nicht erforderlich.

nachfassen. Oft haben Sie am Wochenende ganz plötzlich gute Einfälle zu den einzelnen Angeboten, denn wenn Sie ganz entspannt sind und etwas völlig anderes machen, bekommen Sie einen besseren Zugang zur eigenen Kreativität.

Lernzielkontrolle

☺ **Testen Sie Ihr**

Wissen

1) Welche Positionstypen stehen Ihnen in der Angebotserfassung zur Verfügung?

2) Was ist der Unterschied zwischen Textposition und Kommentar?

3) Wie können Sie im Angebot zusätzliche Positionen einfügen oder bestehende Positionen löschen?

4) Wann wird bei der Angebotserfassung die Angebotsnummer vergeben und warum?

5) Wo können Sie im Angebot den zuständigen Mitarbeiter Ihrer Firma hinterlegen?

6) Können Sie für ein einzelnes Angebot die Zahlungskonditionen ändern? Wie?

7) Wie oft sollten Sie eine Liste mit offenen Angeboten drucken und nachfassen?

Praktische Übungen

⌨ **Tastaturübungen**

1) Erfassen Sie das Angebot aus unserem Beispiel an unseren Kunden 10001, Deutsches Theater mit sich selbst als Mitarbeiter.
Angebot vom 03.01.2009
Wählen Sie für die Anrede den Positionstyp Textposition
und folgende Artikel:
1x Toshiba DVD-Player
1x Fracht und Verpackung EUR 15,--

2) Erfassen Sie ein Angebot für unseren Kunden Cinema mit Datum 07.01.2009 und folgenden Positionen:
50 DVDs Die Simpsons. Geben Sie auf die CDs 10% Sonderrabatt. Berechnen Sie anschließend noch EUR 15,-- Versandkosten (ohne Rabatt).

3) Drucken Sie eine Liste offene Angebote und prüfen Sie die einzelnen Positionen.

Die Auftragserfassung

Hier geht's von der Auftragserfassung über Lieferung und Rechnung bis hin zum Stornorechnung.

In der Auftragserfassung haben Sie die Möglichkeit, ein Angebot in einen Auftrag zu übernehmen, oder gleich einen neuen Vorgang anzulegen. Ähnlich, wie beim Angebot, werden auch in der Auftragserfassung alle Vorgänge automatisch fortlaufend nummeriert. Zu Beginn der Arbeit in der Lexware warenwirtschaft pro und bei jedem Jahreswechsel ist es sinnvoll, die Nummernkreise neu einzustellen.

📖 **Praxistipp**

Bei der Einstellung der Nummernkreise bietet es sich an, mit der Jahreszahl anzufangen. Das hat mehrere Vorteile: Zum einen ist über die Jahreszahl in der Vorgangsnummer eine sofortige Zuordnung zum Geschäftsjahr möglich, zum Anderen wird auf diese Weise eine Überschneidung der Nummern vermieden, wenn Sie jedes Jahr wieder bei 1 anfangen möchten. Sollten Sie im laufenden Jahr eine Umstellung der Nummernkreise vornehmen, bitte diese Änderung dokumentieren.

Die Auftragsbestätigung

📁 **Wichtig**

Die Auftragsbestätigung ist das Herzstück der Auftragsbearbeitung. Alle weiteren Vorgänge (Lieferschein, Rechnung, Storno,...) werden zu einem Auftrag erfasst, d.h. über die Auftragsnummer sind alle Vorgänge zu einem Auftrag miteinander verknüpft. Selbst wenn Sie gleich mit einem anderen Vorgang beginnen und z.B. sofort einen Lieferschein oder eine Direktrechnung (Lieferschein und Rechnung in einem Vorgang) erfassen, legt das System im Hintergrund automatisch einen Auftrag an.

Die Auftragsbestätigung kann neu erstellt werden oder die Positionen aus einem Angebot übernehmen. Mit der Auftragsbestätigung erfolgt im System eine Reservierung der Artikel für die gewünschte Lieferwoche. Wir werden im ersten Schritt unser **Angebot** an das Cinema Filmtheater in einen Auftrag übernehmen. Unter **Warenwirtschaft → Aufträge Verkauf**[25] **→ Angebot auswählen, rechte Maustaste → weiterführen** können Sie das Angebot in einen Auftrag weiterführen. Das Programm schlägt für die Erfassung automatisch den aktuellen Tag (Systemdatum) vor. Erfassen Sie für Auftrag und Lieferung den 10.01.2009.

---

[25] Beachten Sie den Monat. Das Programm schlägt an Hand vom Systemdatum automatisch den aktuellen Monat vor. In unserem Beispiel wollen wir ein Angebot vom Januar weiterverarbeiten. Stellen Sie deshalb in der Kopfzeile Aufträge Verkauf den Januar ein.

Weiterführen bedeutet: Es wird ein neuer Vorgang angelegt, die Daten werden übernommen. Der bestehende Vorgang bleibt erhalten und wird mit **W** für **weitergeführt** markiert.

Wandeln bedeutet: Die Positionen aus dem Vorgang werden in eine Anfrage / Bestellung übernommen.

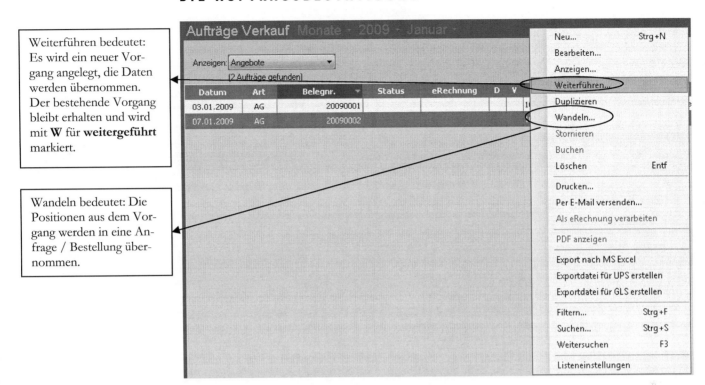

ANGEBOT WEITERFÜHREN . Mit der Option weiterführen werden alle Informationen aus dem Angebot in einen neuen Vorgang (in unserem Fall eine Auftragsbestätigung) übernommen.

Weiterführen: Der ausgewählte Vorgang wird in eine folgende Verarbeitungsstufe weitergeführt. Die Daten werden vollständig übernommen, der Originalbeleg bleibt erhalten und wird als weitergeführt gekennzeichnet.

Duplizieren: Der ausgewählte Vorgang wird kopiert. Die Daten werden vollständig übernommen, der Originalbeleg bleibt unverändert erhalten. Diese Option bietet sich an, um z.B. ein Angebot für einen anderen Kunden zu kopieren.

Wandeln: Der ausgewählte Vorgang wird in eine Bestellanfrage oder eine Bestellung gewandelt. Die Daten werden vollständig übernommen, der Originalbeleg bleibt erhalten.

Unser Bearbeiter wurde bei der Angebotserfassung gespeichert und ist jetzt auch über die Auswahl verfügbar.

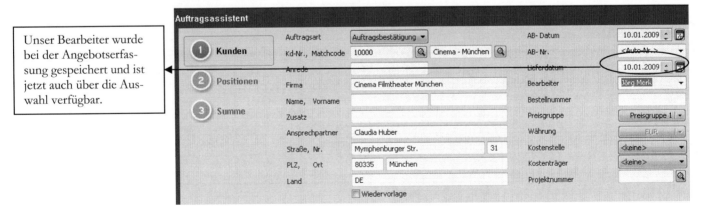

AUFTRAGSBESTÄTIGUNG. Alle Angaben aus dem Angebot wurden übernommen. Zusätzlich könnten weitere Informationen ergänzt werden.

Die Positionserfassung ist identisch mit der im Angebot. Alle Positionen können geändert oder gelöscht werden, neue Positionen können ergänzt werden. In der Praxis wird der Liefertermin vom Datum in der Auftragsbestätigung abweichen.

Wenn Sie alle Daten erfasst haben, gelangen Sie mit weiter in die Auftragsübersicht und können Ihre Druckoptionen eingeben.

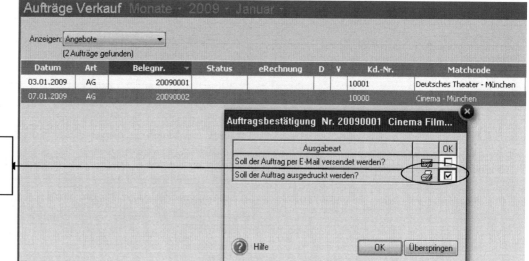

Setzen Sie ein Häkchen bei den gewünschten Optionen.

AUFTRÄGE VERKAUF – ÜBERICHT BEIM DRUCK. Markieren Sie die gewünschten Optionen.

In der Übersicht sehen Sie jetzt eine Zeile unter dem Auftrag das zugrunde liegende Angebot, gekennzeichnet mit einem **W** für **weitergeführt**. Der Auftrag ist jetzt in der Zeile über dem Angebot zu sehen und kann jederzeit bearbeitet werden.

Musikladen GmbH,Rosenstr. 3,85238 Petershausen

Cinema Filmtheater München
Claudia Huber
Mymphenburger Str. 31

80335 München
DE

Kunden Nr.:	10000
Bearbeiter:	Jörg Merk
Steuernr.:	
Lieferdatum:	10.01.2009
Datum:	10.01.2009

Auftragsbestätigung Nr. 20090001

Pos	Menge		Text	Einzelpreis EUR	Gesamtpreis EUR
1	50,00	Stck	Simpsons - Der Film Die Simpsons – Der Film – 2007, DVD	15,00	675,00
2	1,00	Psch	Fracht und Verpackung	15,00	15,00
Gesamt Netto					690,00
zzgl. 19,00 % USt. auf				690,00	131,10
Gesamtbetrag					**821,10**

Zahlbar innerhalb von 14 Tagen mit 2% Skonto, innerhalb von 30 Tagen netto

Lieferung frei Haus

AUFTRAGSBESTÄTIGUNG. Je nachdem, ob Sie auf weißes Papier oder auf Briefpapier drucken, stehen Ihnen verschiedene Formulare zur Verfügung.

Das Formular für die Auftragsbestätigung kann im Formulargestalter individuell nach Ihren Wünschen angepasst werden. Dabei reichen die Möglichkeiten von der einfachen Anpassung von Schriften und Seitenrändern, über die Ergänzung von Texten und zusätzlichen Feldern bis hin zum Einbinden von Logos und Bildern.

In der Spalte Status sehen Sie, ob das Angebot schon weiterverarbeitet wurde.

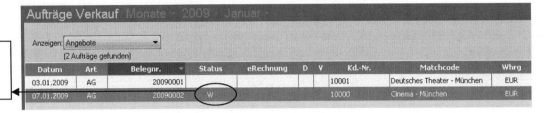

ANGEBOTSÜBERSICHT. Unser Angebot an Cinema München hat jetzt unter Status ein W für weitergeführt.

Gibt es noch kein Angebot, können Sie natürlich auch direkt einen Auftrag anlegen. In diesem Fall wählen Sie Verkaufs-Auftrag neu anlegen, um einen neuen Vorgang zu erfassen.

VERKAUFS-AUFTRAG NEU. Hier können Sie auch direkt einen neuen Auftrag erfassen.

Wählen Sie neue Auftragsbestätigung und geben Sie im Feld Empfänger die gewünschte Kundennummer ein, wählen Sie mit der Lupe oder **F3** oder geben Sie die Kurzbezeichnung des Kunden im Feld Matchcode ein und drücken dann **F3**. Erfassen Sie einen weiteren Auftrag für unseren Kunden D10001 (Deutsches Theater) für den 14.01.2008.

Unser Sachbearbeiter sind Sie selbst. Als Versandart wählen Sie "Selbstabholung" und alle anderen Angaben übernehmen Sie, wie vorgeschlagen.

Neben den bereits erfassten oder vom System vorgeschlagenen Werten können Sie im Auftrag noch die Bestellnummer Ihres Kunden erfassen, soweit vorhanden, eine Kostenstelle, einen Kostenträger und ein Projekt zuordnen.

Wenn Sie einen neuen Auftrag erfassen wollen, für den es kein Angebot gibt, dann geben Sie einfach im Feld Empfänger die Kundennummer ein. Jetzt werden die Daten aus dem Kundenstamm übernommen.

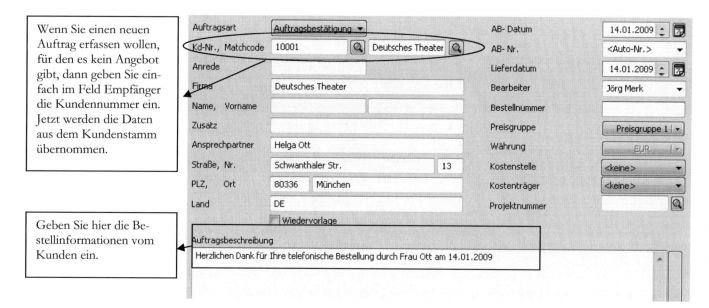

Geben Sie hier die Bestellinformationen vom Kunden ein.

AUFTRAG NEU. Für einen neuen Auftrag geben wir statt der Übernahme eines Angebotes im Feld Empfänger die Kundennummer ein.

Auch im Auftrag haben Sie die Möglichkeit, eine Auftragsbeschreibung zu hinterlegen (wie die Bestellangaben des Kunden), die dann auch im Auftrag gedruckt wird. Dabei können Sie auch die Möglichkeit nutzen, für jede Vorgangsart einen Standardtext zu hinterlegen, der dann vom Programm automatisch vorgeschlagen wird. Die Arbeit mit Textbausteinen und Standardtexten werden wir später unter Tipps und Tricks ausführlicher erklären.

Wichtige Punkte bei der Auftragserfassung

Die wichtigsten Punkte in der Auftragserfassung im Kopfteil sind: Die **Kundenanschrift**, das **Auftragsdatum**, der **Bearbeiter** und die **Preisgruppe**. Weitere Informationen können optional erfasst werden, wie z.B. Auftragsbeschreibung, Kostenstelle, Kostenträger oder Projekt.

📖 **Praxistipp**

Bitte stimmen Sie sich bei der Arbeit mit Kostenstellen und Kostenträgern mit der Finanzbuchhaltung ab. Hier sollte im Vorfeld festgelegt werden, wie die Kostenrechnung aufgebaut wird und wer im Zweifel neue Kostenstellen und Kostenträger anlegt.

Wenn Sie für einzelne Felder weitere Informationen wünschen, wechseln Sie in das entsprechende Feld und klicken Sie auf den Pfeil nach unten für die angebotene **Auswahl** oder drücken Sie **F1**, um in der **Hilfe** nachzulesen. Wir lassen alle anderen Daten unverändert und wechseln mit **weiter** in die Positionserfassung.

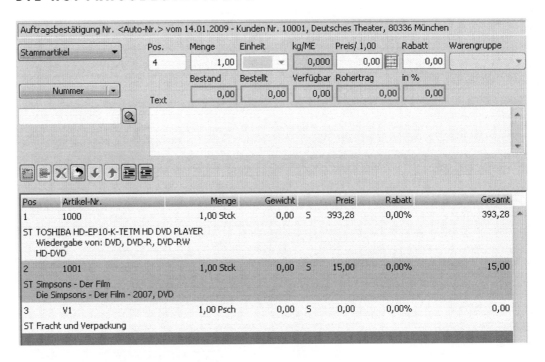

AUFTRAGSERFASSUNG POSITIONEN. Hier gibt es eine Reihe von zusätzlichen Eingabemöglichkeiten für unseren Auftrag.

Für die Artikelerfassung geben Sie jetzt die Artikelnummer ein oder wählen Sie aus der Artikelübersicht aus (diese öffnen Sie mit einem Klick auf die Lupe unter der Schaltfläche Bezeichnung). Wir erfassen als Artikel 1 DVD-Player, 1x Die Simpsons und 1x Fracht und Verpackung in Höhe von EUR 10,00.

Bei der Arbeit mit Titeln können Sie sich mit Hilfe des Summenzeichens die einzelnen Titelsummen anzeigen lassen.

Sie können manuell eine Nachbemerkung erfassen und haben auch hier die Möglichkeit, auf bereits erfasste Textbausteine zurückzugreifen.

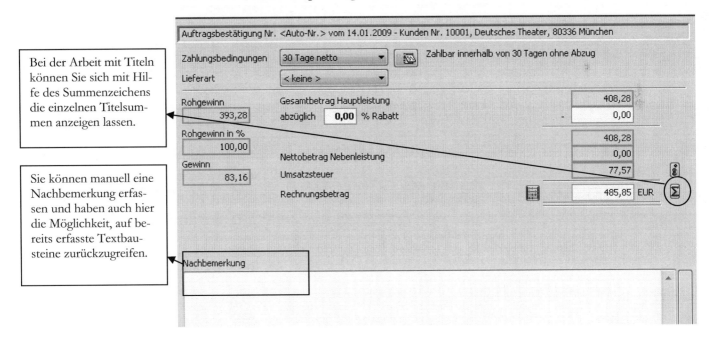

AUFTRAGSERFASSUNG – SUMME. Hier wieder die Summenübersicht mit den Liefer- und Zahlungsbedingungen. Erfassen Sie hier bei Bedarf Ihre Nachbemerkung (Ihren Schlusstext).

Speichern Sie, um den Auftrag abzuschließen. Ob Sie die Auftragsbestätigung bei dieser Gelegenheit auch gleich drucken oder nicht, spielt keine Rolle.

Wenn Sie Ihren Auftrag jetzt erneut öffnen (durch Doppelklick in der Auftragsübersicht), sehen Sie auf der linken Seite einen neuen Button: **Info**.

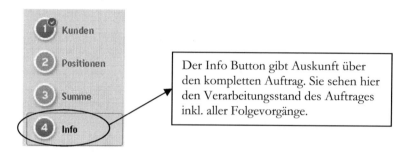

Der Info Button gibt Auskunft über den kompletten Auftrag. Sie sehen hier den Verarbeitungsstand des Auftrages inkl. aller Folgevorgänge.

AUFTRAG - INFO. Die Schaltfläche Info ist erst nach Speicherung des Auftrags verfügbar.

In der Übersicht sehen Sie auf der linken Seite die Beleghistorie (wer hat den Auftrag angelegt, wer hat ihn verändert) und auf der rechten Seite den Auftragsstatus (bereits geliefert, Versand per Mail, berechnet und so weiter......). Dabei handelt es sich immer um eine Momentaufnahme, denn die Info wird laufend aktualisiert.

Hier sehen Sie, wer den Auftrag erfasst und / oder geändert hat.

Der Status wird laufend mitgeführt, d.h. jede Aktion mit dem Auftrag wird hier nachgetragen. So haben Sie immer alle Informationen auf einen Blick.

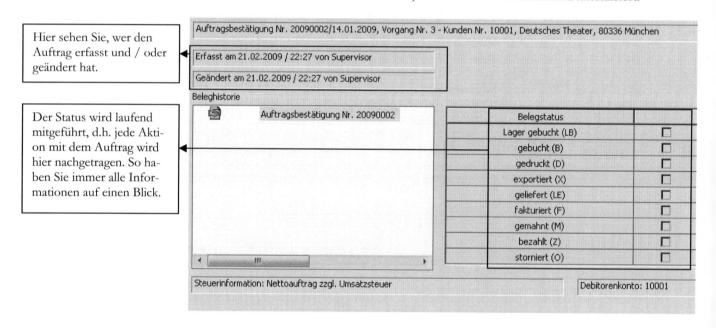

AUFTRAG - ÜBERSICHT. Hier sehen Sie alle Informationen für unseren Auftrag, inkl. alle Folgevorgänge.

Fragen zur Lernzielkontrolle

☺ **Testen Sie Ihr**

Wissen

1) Wie können Sie ein Angebot in einen Auftrag übernehmen?

2) Können Sie jetzt im Vergleich zum Angebot noch Änderungen vornehmen?

3) Warum ist es sinnvoll, das Angebot für die Übernahme in einen Auftrag weiterzuführen?

4) Wie erzeugen Sie im Auftrag eine Zwischensumme?

5) Wann wird für einen neuen Auftrag die Vorgangsnummer vergeben? Warum?

Praktische Übungen

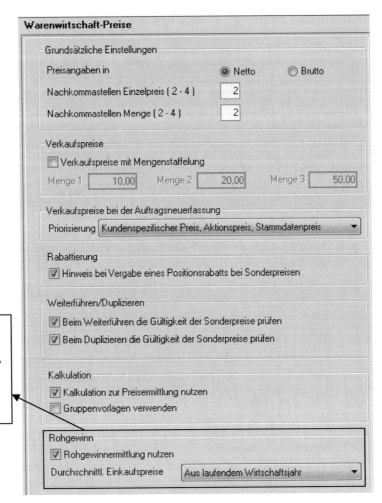

Tastaturübungen

1) Übernehmen Sie das Angebot an Cinema Filmtheater per 10.01.2008 in einen Auftrag; lassen Sie alle Positionen unverändert und speichern Sie den Auftrag. Bei der Bestellung wurde die Lieferung per UPS vereinbart. Diese Vereinbarung gilt auch für alle zukünftigen Lieferungen. Aus diesem Grund ist diese Vereinbarung im Kundenstamm im Feld Bemerkung einzutragen und die neue Lieferart anzulegen[26].

2) Erfassen Sie einen neuen Auftrag für unseren Kunden D10001 (Deutsches Theater) mit Datum 14.01.2008. Der Kunde hat folgende Artikel zur Selbstabholung bestellt: DVD-Player, Simpsons Film und Fracht (EUR 10,00), jeweils 1x.

3) Übernehmen Sie unser Angebot 1 vom 03.01.2008 (Deutsches Theater) per 16.01.2008 in einen Auftrag. Ändern Sie die Stückzahl der DVD-Player auf 10 und geben Sie auf diese Position 5% Rabatt. Prüfen Sie im Vorgang die Preise.

Wenn Sie für zukünftige Aufträge die Rohgewinnermittlung nutzen wollen, setzen Sie hier bitte das erforderliche Kennzeichen.

WARENWIRTSCHAFT - PREISE. Ergänzen Sie hier das Häkchen für die Ermittlung des Rohgewinns.

---

[26] Zur Erinnerung: Eine neue Lieferart können Sie anlegen unter Bearbeiten, Firmenangaben, Warenwirtschaft, Aufträge, Lieferarten (Schaltfläche unten, Mitte).

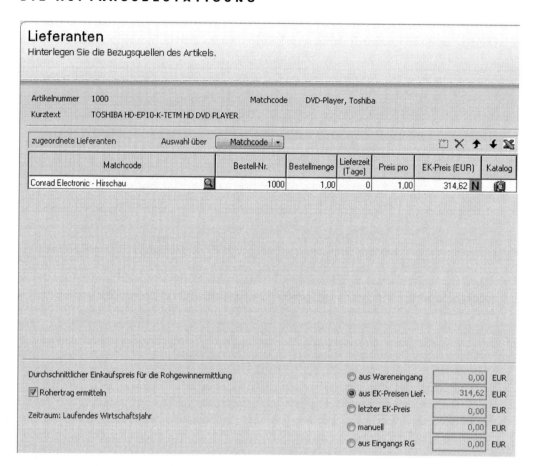

ARTIKELSTAMM - LIEFRANTEN. Auch hier muss das Kennzeichen in jedem Artikel einzeln nachgepflegt werden.

4) Öffnen Sie jetzt die Auftragsübersicht und stimmen Sie Ihre Daten mit der unten aufgeführten Übersicht ab. Korrigieren Sie eventuelle Abweichungen.

Wählen Sie alle Aufträge, um Angebote und Aufträge in einer Übersicht anzuzeigen.

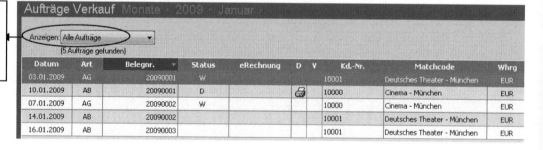

AUFTRAG ÜBERSICHT. Alle Vorgänge im Überblick.

📖 **Praxistipp**

Wie Sie an unserem kleinen Beispiel mit dem Rohgewinn sehen können, ist es im Nachhinein sehr aufwendig, bestehende Daten zu ändern. Umso wichtiger ist es, bei der ersten Erfassung bereits ein klares Konzept zu haben, wie die Daten aufgebaut werden sollen. Dazu dient auch die Möglichkeit, sich erst einmal eine Musterfirma anzulegen und die einzelnen Vorgänge, so wie hier in unseren Schulungsunterlagen, einmal mit wenigen Datensätzen durchzuspielen und die Ergebnisse und Auswertungen kritisch zu prüfen. Das erspart Ihnen im Zweifel eine Menge Arbeit.

Der Lieferschein

Nach der Auftragsbestätigung erfolgt die Lieferung. Dabei sind folgende Konstellationen möglich:

1) Sie erfassen einen Wareneingang, wahlweise in der Lagerbuchhaltung (im Bereich Auftragsbearbeitung) oder im Bestellwesen und liefern anschliessend aus.

2) Sie liefern sofort und gehen mit dem Lagerbestand ins Minus.

In der Regel wird man erst den Wareneingang erfassen und dann im Anschluss die Lieferung, aber es gibt in der Praxis durchaus Situationen, wo bei der Lieferung ins Minus gebucht wird, wenn z.B. die Ware gerade erst angeliefert wurde und ein Teil der Ware mit demselben Spediteur an Ihren Kunden weitergeliefert wird. Dann haben Sie unter Umständen nicht die Zeit, erst den Wareneingang zu erfassen. Oder Ihr Lieferant liefert mit Ihrem Lieferschein direkt an Ihren Endkunden und Sie schreiben anschließend die Rechnung.

Wir wollen uns in diesem Buch im Ersten Schritt auf die Auftragsbearbeitung konzentrieren und akzeptieren dabei, dass der Lagerbestand negativ wird. Wir werden später noch auf die Möglichkeiten der Lagerbuchhaltung eingehen, wenn wir mit der Auftragsbearbeitung und den Auswertungen fertig sind. Dort haben wir ebenfalls die Möglichkeit, Wareneingänge zu erfassen.

📁 **Wichtig**

Während bei der Auftragsbestätigung lediglich ein Bedarf oder eine Reservierung erzeugt wurde (der verfügbare Bestand hat sich verändert), wird beim Lieferschein der tatsächliche Lagerbestand verändert. In dem Moment, in dem eine Position im Lieferschein erfasst wird, wird der tatsächliche Bestand bereits vom Lager abgebucht. Das ist enorm wichtig, denn wenn mehrere Personen im Netz arbeiten, kann nur so verhindert werden, dass ein und derselbe Artikel für mehrere Kunden verwendet wird, aber letztlich nur einer beliefert werden kann.

Wenn wir eine neue Lieferung zu einem bestehenden Auftrag erfassen, werden automatisch alle Positionen aus dem Auftrag in den Lieferschein übernommen. Noch nicht lieferbare Positionen können gelöscht werden und werden dann automatisch im nächsten Lieferschein wieder vorgeschlagen.

D.h. Sie können zu einem Auftrag beliebig viele Teillieferungen erfassen.

Für die Erfassung einer neuen Lieferung zu einem bestehenden Auftrag wählen wir erst den Auftrag aus, **rechte Maustaste, weiterführen, Lieferschein.** In unserem Beispiel wählen wir den **Auftrag 2009-0001 vom 10.01.09** an das Cinema Filmtheater in München.

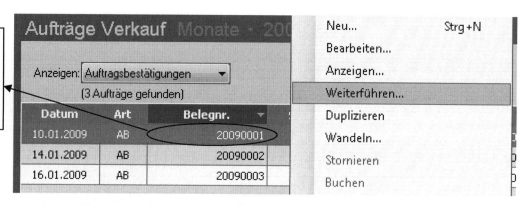

Auftragsnummer, zu der ein weiterer Vorgang erfasst wird. Über die Auftragsnummer sind alle Vorgänge zu einem Auftrag miteinander ver-

AUFTRAG ÜBERSICHT. Wählen Sie den Auftrag zu dem Sie einen Lieferschein erfassen wollen, drücken Sie die rechte Maustaste und wählen Sie **weiterführen**.

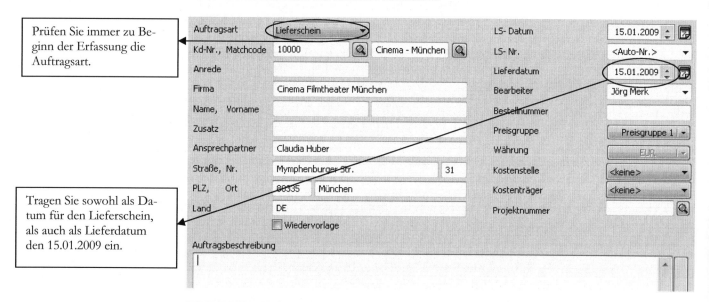

Prüfen Sie immer zu Beginn der Erfassung die Auftragsart.

Tragen Sie sowohl als Datum für den Lieferschein, als auch als Lieferdatum den 15.01.2009 ein.

LIEFERSCHEIN. Sie können zu jedem Auftrag eine oder mehrere Lieferungen erfassen.

Wenn Sie nicht sicher sind, ob Sie zu einem Auftrag schon einen Lieferschein erfasst haben, öffnen Sie einfach den Auftrag, wählen den Infobutton und sehen in der Historie, welche Vorgänge zu diesem Auftrag bereits erfasst sind. Hier werden alle Vorgänge zu diesem Auftrag angezeigt. In unserem Beispiel ist das nur die Auftragsbestätigung.

Wir erfassen die Lieferung mit Datum 15.01.2009, sowohl als Datum für den Lieferschein, als auch als Lieferdatum[27]. Änderungen für die Lieferung sind nicht erforderlich, sofern Sie bereits in der Auftragserfassung die Versandart korrekt erfasst haben. Bestätigen Sie mit weiter, um in die Positionserfassung zu gelangen. Hier ändern Sie die Liefermenge der Simpsons DVD von 50 auf 25 Stück ab, die Position mit den Frachtkosten können Sie unverändert übernehmen.

---

[27] Sie können natürlich auch unterschiedliche Daten erfassen, wenn sie z.B. die Lieferscheine bereits am Tag vor der Lieferung erstellen.

In der Kopfzeile sehen Sie, welchen Vorgang Sie gerade bearbeiten und den dazugehörigen Auftrag.

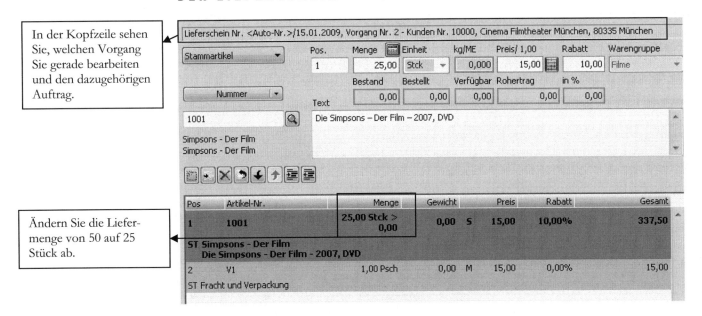

Ändern Sie die Liefermenge von 50 auf 25 Stück ab.

LIEFERSCHEIN- POSITIONSERFASSUNG. Ändern Sie die Liefermenge bei Position 1 von 50 auf 25 Stück.

Auf der nächsten Seite können Sie dann die Lieferart auf UPS ändern.

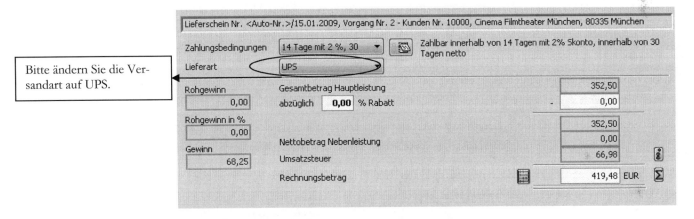

Bitte ändern Sie die Versandart auf UPS.

LIEFERSCHEIN. Ändern Sie die Lieferart auf UPS.

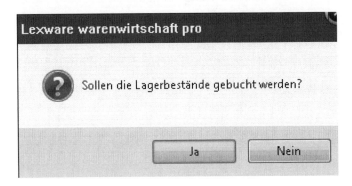

LIEFERSCHEIN. Ändern Sie die Lieferart auf UPS.

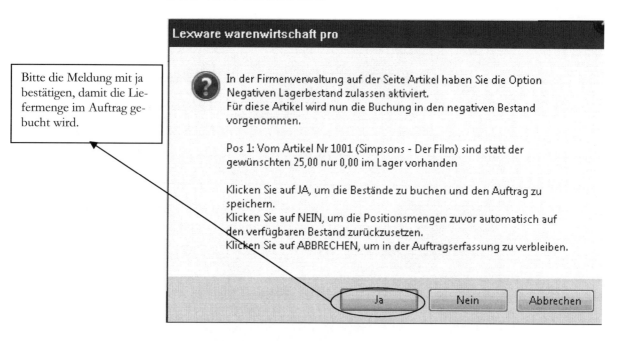

Bitte die Meldung mit ja bestätigen, damit die Liefermenge im Auftrag gebucht wird.

NEGATIVER LAGERBESTAND. Bitte bestätigen Sie mit ja, um die Lieferung trotz fehlendem Bestand zu buchen.

Neben dem Hinweis, dass Sie laut Ihren Einstellungen in der Firmenverwaltung auch mit negativem Lagerbestand arbeiten können und mit Bestätigung dieser Meldung dieser Artikel ins Minus gebucht wird, wird Ihnen auch der im Lager verfügbare Bestand angezeigt.

Als nächstes kommt ein Hinweis, dass es sich hier um eine Teillieferung handelt.

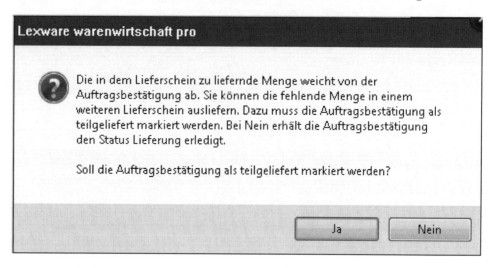

TEILLIEFERUNG. Bitte bestätigen Sie die Teillieferung mit ja, denn sonst wird der Auftrag markiert mit Lieferung erfolgt. Der noch offene Teil der Lieferung geht dann unter.

Optional wird im Lieferschein auch die Rechnungsanschrift mit angedruckt. Das ist vor allem dann sinnvoll, wenn Sie Kunden mit abweichender Lieferanschrift haben. So hat auch der Empfänger des Lieferscheins die Möglichkeit, zu prüfen, ob die Rechnungsanschrift korrekt ist und kann Sie bei Unstimmigkeiten sofort benachrichtigen.

In der Standardvariante haben Sie im Lieferschein keine Preise, d.h. es ist auch möglich, bei Vertragshändlern deren Kunden direkt zu beliefern und die Rechnung dann an den Vertragshändler zu stellen.

Musikladen GmbH,Rosenstr. 3,85238 Petershausen

Cinema Filmtheater München
Claudia Huber
Mymphenburger Str. 31

80335 München
DE

Kunden Nr.:	10000
Bearbeiter:	Jörg Merk
Steuernr.:	
Lieferdatum:	15.01.2009
Datum:	15.01.2009

Lieferschein Nr. 20090001

Pos	Menge		Gewicht kg	Text
1	25,00	Stck		Simpsons - Der Film Die Simpsons – Der Film – 2007, DVD
2	1,00	Psch		Fracht und Verpackung

Zahlbar innerhalb von 14 Tagen mit 2% Skonto, innerhalb von 30 Tagen netto

UPS

LIEFERSCHEIN. Im Lieferschein werden nur Mengen, keine Preise angedruckt.

Fragen zur Lernzielkontrolle

1) Was passiert beim erfassen eines Lieferscheines mit dem Lagerbestand des erfassten Artikels?

2) Warum erfolgt die Bestandsveränderung der Artikel nicht erst beim Druck des Lieferscheins?

3) Was wird im Lieferschein nicht gedruckt, obwohl es am Bildschirm angezeigt wird?

4) Erläutern Sie Ihre Vorgehensweise, wenn Sie zu einem bestehenden Auftrag eine Lieferung erfassen wollen.

5) Was würde passieren, wenn Sie einfach eine neue Lieferung erfassen, ohne vorher den dazugehörigen Auftrag auszuwählen?

Praktische Übungen

1) Liefern Sie für den Auftrag 2009-0001 am 15.01.2009 für Position 1 statt der bestellten 50 nur 25 Stück und übernehmen Sie die Position Frachtkosten in voller Höhe[28].

2) Liefern Sie die restlichen Positionen am 17.01.2009 nach. (es werden keine zusätzlichen Frachtkosten mehr berechnet!), ohne den Auftrag zu löschen.

3) Liefern Sie am 18.1.2009 für den Auftrag 2009-0002 alle Positionen.

Lassen Sie sich nicht bei Unterschieden beim Druckkennzeichen stören, denn beim Erstellen dieser Unterlagen wurden nicht alle Belege ausgedruckt.

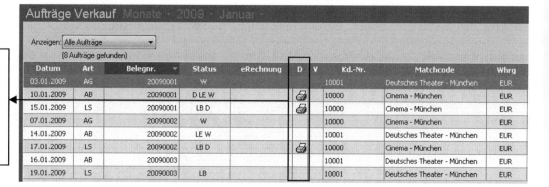

Datum	Art	Belegnr.	Status	eRechnung	D	V	Kd.-Nr.	Matchcode	Whrg
03.01.2009	AG	20090001	W				10001	Deutsches Theater - München	EUR
10.01.2009	AB	20090001	D LE W		🖨		10000	Cinema - München	EUR
15.01.2009	LS	20090001	LB D		🖨		10000	Cinema - München	EUR
07.01.2009	AG	20090002	W				10000	Cinema - München	EUR
14.01.2009	AB	20090002	LE W				10001	Deutsches Theater - München	EUR
17.01.2009	LS	20090002	LB D		🖨		10000	Cinema - München	EUR
16.01.2009	AB	20090003					10001	Deutsches Theater - München	EUR
19.01.2009	LS	20090003	LB				10001	Deutsches Theater - München	EUR

AUFTRAGSÜBERSICHT INKL. LIEFERUNGEN. In der Übersicht sehen Sie jetzt auch die Lieferscheine und können so Ihre Daten abstimmen.

[28] Bei Teillieferungen ist zu prüfen, wer die Frachtkosten übernimmt. Liegt es an Ihnen, dass Teillieferungen gemacht werden müssen, wird der Rest in aller Regel versandkostenfrei nachgeliefert.

Die Rechnung

Bei der Rechnung unterscheiden wir 4 verschiedene Arten von Rechnungen; wir wollen vorab erst einmal die Unterschiede erklären:

Rechnung: Die Rechnung ist der Folgevorgang für den Lieferschein. In der Rechnung wird die gelieferte Ware berechnet und die Rechnungsdaten für die Finanzbuchhaltung zur Verfügung gestellt. Eine Bestandsveränderung erfolgt nicht (der Bestand wurde ja bereits durch den Lieferschein verändert).

🗁 Wichtig

Direktrechnung[29]: Die Direktrechnung ist **Lieferschein und Rechnung in einem Vorgang**, d.h. **hier wird auch gleich der Bestand verändert**. Sie schreiben in diesem Fall sofort eine Rechnung, ohne erst einen Lieferschein zu schreiben.

Proformarechnung: Die Proformarechnung hat im System keinerlei Auswirkungen; Sie hat rein informativen Charakter. Sie findet Verwendung im Export, wo der Kunde in der Regel vorab eine Rechnung benötigt, um die Zollpapiere zu besorgen. Sonst geht bei der Ankunft der Lieferung zu viel Zeit verloren. Die Proformarechnung wird auch benötigt, wenn mit dem Kunden Vorkasse vereinbart ist und die Zahlung länger dauert. In diesem Fall wird die eigentliche Rechnung erst geschrieben, nachdem die Zahlung eingegangen ist.

Sammelrechnung: Die Sammelrechnung ist eine besondere Form der Rechnungsstellung. Hier können Lieferungen aus unterschiedlichen Lieferscheinen und Aufträgen zu einer Sammelrechnung zusammengefasst werden. So etwas ist sinnvoll, wenn monatliche Rechnungsstellung vereinbart ist und Sie für den Kunden nahezu täglich Lieferungen oder Dienstleistungen erbringen. Dann wird jedes Mal ein neuer Lieferschein geschrieben und am Monatsende werden dann alle Lieferscheine in einer Sammelrechnung zusammengefasst. Der Unterschied zur Rechnung besteht darin, dass in der Sammelrechnung jede Lieferung separat mit allen Positionen aufgeführt wird und Sie **Lieferungen aus verschiedenen Aufträgen in einer Rechnung zusammenfassen können**. Bei einer (Einzel-)Rechnung dagegen können nur Lieferungen aus **einem Auftrag** abgerechnet werden.

Wird zu einem bestehenden Lieferschein eine Rechnung erfasst, so werden in der Rechnung automatisch **alle bereits gelieferten Positionen** aus dem ausgewählten Lieferschein vorgeschlagen. Gibt es mehrere Lieferungen zu diesem Auftrag, die in einer Rechnung zusammengefasst werden sollen, bleibt nur die Möglichkeit der Sammelrechnung.

Für unseren Auftrag 2008-0001 gibt es 2 Lieferscheine. Um diese beiden Lieferscheine in einer Rechnung zusammenzufassen, wählen Sie: **Verkaufsauftrag neu → Sammelrechnung**[30] oder wählen Sie die Sammelrechnung über das neue Icon Rechnung an.

---

[29] Bei Lexware wird dafür ebenfalls die Rechnung benutzt. Wir machen hier die Unterscheidung, Rechnung mit Lieferschein (Rechnung) und Rechnung ohne Lieferschein (Direktrechnung).

[30] Bei der Funktion weiterführen wird die Sammelrechnung nicht angeboten. Bei dieser Variante können Sie immer nur Daten aus dem ausgewählten Vorgang weiterverarbeiten.

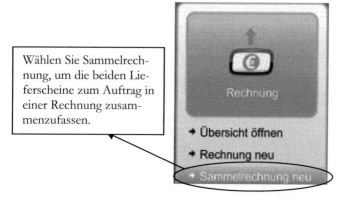

Wählen Sie Sammelrech-
nung, um die beiden Lie-
ferscheine zum Auftrag in
einer Rechnung zusam-
menzufassen.

SAMMELRECHNUNG. Mit der Sammelrechnung können Sie beliebige Lieferscheine eines Kunden in einer Rechnung zusammenfassen.

Geben Sie die Kundennummer ein und ändern Sie das Datum auf den 19.01.2009.

In der Sammelrechnung
können Sie beliebige Lie-
ferscheine eines Kunden
in einer Rechnung zu-
sammenfassen.

Prüfen Sie die Datums-
angaben. Vorgeschlagen
wird das aktuelle System-
datum und ergänzen Sie
den Bearbeiter.

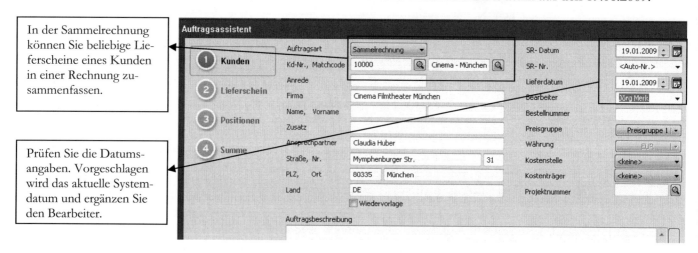

SAMMELRECHNUNG. Erfassen Sie die Kundennummer und prüfen Sie Rechnungs- und Lieferdatum.

Bei einer Sammelrechnung haben Sie zunächst eine Maske mit der Übersicht aller Lieferscheine zu diesem Kunden und können die Lieferscheine markieren, die in dieser Sammelrechnung zusammengefasst werden sollen.

Markieren Sie alle Lieferscheine, die Sie mit dieser
Sammelrechnung abrech-
nen wollen.

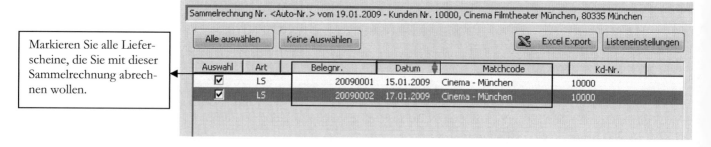

SAMMELRECHNUNG - LIEFERSCHEIN. Markieren Sie alle Lieferscheine, die Sie in der Sammelrechnung abrechnen wollen.

Wählen Sie weiter, um in die Positionsübersicht zu gelangen. Bitte prüfen Sie die einzelnen Lieferscheine inkl. Positionen.

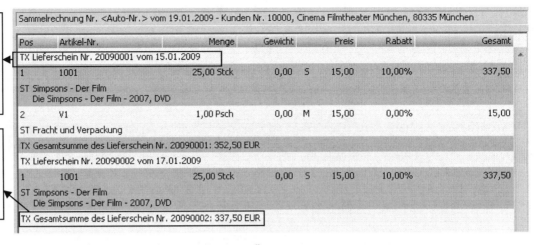

Zu Beginn der Positionen kommt eine Textzeile mit Angaben zum Lieferschein, aus dem die nachfolgenden Positionen übernommen wurden.

Sobald ein Lieferschein komplett ist, kommt eine Textzeile mit der Summe aus diesem Lieferschein.

SAMMELRECHNUNG - POSITIONSÜBERSICHT. Vor den Positionen haben Sie für jeden Lieferschein eine Textzeile mit Lieferscheinnummer, Datum und Rabatt (sofern vergeben). Am Ende der Positionen eines Lieferscheins wird die Summe der gelieferten Positionen angezeigt.

Durch das einfassen aller Positionen eines Lieferscheins in 2 Textzeilen mit allen wichtigen Informationen zum Lieferschein (Nummer, Datum, Wert der übernommenen Positionen) ist für Sie und für Ihren Kunden sehr einfach, die Sammelrechnung zu prüfen.

Unter Summe finden Sie die Gesamtsumme aller übernommenen Positionen. Wenn es sich bei den Lieferscheinen, so wie in unserem Beispiel, um Lieferscheine zu einem Auftrag handelt, der vollständig geliefert wurde, entspricht die Summe wieder der Auftragssumme.

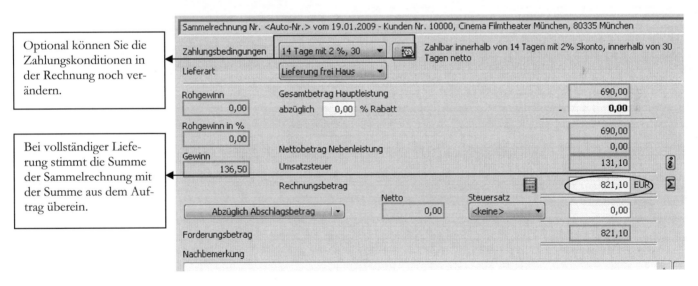

Optional können Sie die Zahlungskonditionen in der Rechnung noch verändern.

Bei vollständiger Lieferung stimmt die Summe der Sammelrechnung mit der Summe aus dem Auftrag überein.

SAMMELRECHNUNG - SUMME. In unserem Beispiel entspricht die Summe der Sammelrechnung der Auftragssumme.

In der Rechnung finden Sie jetzt wieder alle Positionen aus dem Auftrag, obwohl mit 2 unterschiedlichen Lieferscheinen geliefert wurde. Dabei sind die Positionen nach Lieferscheinen gegliedert, so dass an Hand der Rechnung ersichtlich ist, dass mit unterschiedlichen Lieferscheinen geliefert wurde. [31]

---

[31] Sie können natürlich auch einen anderen Weg wählen und zu jeder Teillieferung auch gleich eine Rechnung erfassen. Dann haben Sie für einen Auftrag mehre Lieferungen und mehrere Rechnungen.

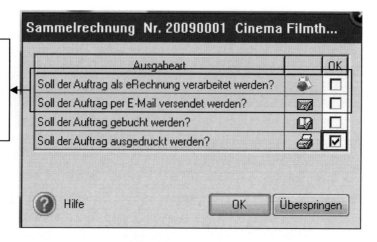

Während der Versand per E-Mail generell möglich ist, muss für die eRechnung ein eigenes Account eingerichtet werden mit elektronischer Signatur.

SAMMELRECHNUNG - DRUCK. Mit Abschluss der Erfassung kommt die Option, die Rechnung zu drucken. Alternativ ist ein Versand als signierte eRechnung möglich.

In der Vorschau können Sie wieder vorab prüfen, ob die Rechnung vollständig und korrekt ist und haben so noch die Möglichkeit einer Korrektur.

Die Sammelrechnung ist schon vom Namen her als solche gekennzeichnet. Allerdings ist der Nummernkreis identisch mit den Rechnungen.

Sinnvoll ist es, die Zahlungskonditionen mit Platzhaltern so zu gestalten, dass die tatsächlichen Fälligkeiten inkl. Betrag angedruckt werden.

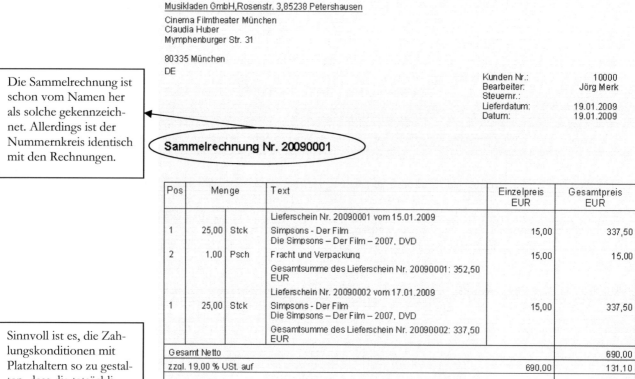

SAMMELRECHNUNG. So sieht unsere Sammelrechnung in der Vorschau aus.

Für die Rechnung selbst ist es hilfreich, die Zahlungskonditionen mit Platzhaltern so zu gestalten, dass statt 14 Tage 2%, 30 Tage netto gleich die Korrekten Daten und Beträge gedruckt werden. Aus diesem Grund werden wir unsere Zahlungskondition unter **Verwaltung → Zahlungskonditionen** ändern und die Rechnung erneut drucken.

So sieht die Eingabe mit Platzhaltern aus:

Zahlen Sie bis zum #Datum/Skonto1 #Schlussbetrag1 (abzüglich 2% Skonto) oder bis zum #Datum/Zahlungsziel #Schlussbetrag

Dabei sind Sie in Ihrer Formulierung vollkommen frei. Wichtig sind nur 2 Dinge: Die Fälligkeit des Betrages als Datum und der fällige Betrag bereits ausgerechnet (z.B. abzüglich Skonto).[32]

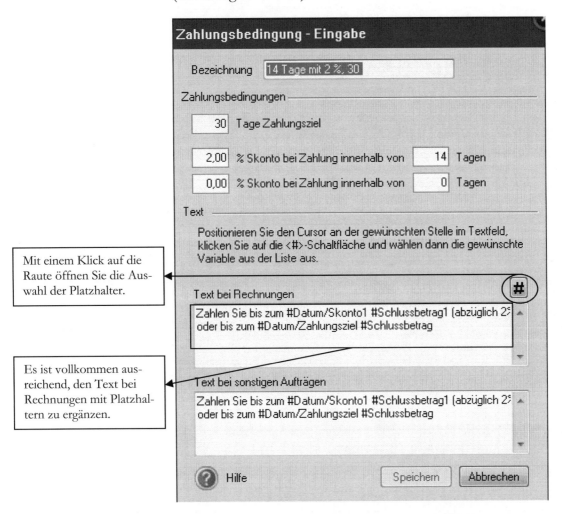

Mit einem Klick auf die Raute öffnen Sie die Auswahl der Platzhalter.

Es ist vollkommen ausreichend, den Text bei Rechnungen mit Platzhaltern zu ergänzen.

ZAHLUNGKONDITION MIT PLATZHALTERN. So sieht unsere Zahlungsbedingung mit Platzhaltern im Rechnungstext aus.

Wenn Sie jetzt die Rechnung neu ausdrucken, haben Sie den neuen Textbaustein in der Rechnung.[33] In der Rechnung werden die Platzhalter durch die tatsächlichen Werte ersetzt. Jetzt ist klar ersichtlich, wann welcher Betrag zur Zahlung fällig ist.

---

[32] Wenn die Fälligkeit der Beträge in der Rechnung so detailliert gedruckt wird, mit Datum und Betrag, gerät der Kunde mit verstreichen der Zahlungsfrist automatisch in Verzug. Das bedeutet: Sie müssen nicht erst mahnen, um den Kunden in Verzug zu bringen und könnten theoretisch sofort einen gerichtlichen Mahnbescheid beantragen.

[33] Sollte das nicht auf Anhieb klappen, bitte die Zahlungskonditionen in der Rechnung einmal anklicken oder neu einfügen.

Musikladen GmbH, Rosenstr. 3, 85238 Petershausen

Cinema Filmtheater München
Claudia Huber
Mymphenburger Str. 31

80335 München
DE

Kunden Nr.:	10000
Bearbeiter:	Jörg Merk
Steuernr.:	
Lieferdatum:	19.01.2009
Datum:	19.01.2009

Sammelrechnung Nr. 20090001

Pos	Menge		Text	Einzelpreis EUR	Gesamtpreis EUR
1	25,00	Stck	Lieferschein Nr. 20090001 vom 15.01.2009 Simpsons - Der Film Die Simpsons – Der Film – 2007, DVD	15,00	337,50
2	1,00	Psch	Fracht und Verpackung	15,00	15,00
			Gesamtsumme des Lieferschein Nr. 20090001: 352,50 EUR		
1	25,00	Stck	Lieferschein Nr. 20090002 vom 17.01.2009 Simpsons - Der Film Die Simpsons – Der Film – 2007, DVD	15,00	337,50
			Gesamtsumme des Lieferschein Nr. 20090002: 337,50 EUR		
			Gesamt Netto		690,00
			zzgl. 19,00 % USt. auf	690,00	131,10
			Gesamtbetrag		**821,10**

Statt der Platzhalter werden in der Rechnung die tatsächlichen Fälligkeiten mit dem Fälligkeitsdatum eingesetzt.

Zahlen Sie bis zum 02.02.2009 804,68 EUR (abzüglich 2% Skonto) oder bis zum 18.02.2009 821,10 EUR

Lieferung frei Haus

RECHNUNG MIT GEÄNDERTEM TEXTBAUSTEIN. So sieht unsere Zahlungsbedingung mit Platzhaltern im Rechnungstext aus. Sie sehen auf einen Blick, wann welche Beträge fällig sind.

Wenn Sie eine einzelne Lieferung berechnen wollen, wählen Sie unter **Warenwirtschaft → Aufträge Verkauf** den Lieferschein aus, den Sie berechnen wollen, drücken die rechte Maustaste und wählen weiterführen. Als Auswahl wird an dieser Stelle als Vorgangsart nur noch die Rechnung angeboten. Die weitere Vorgehensweise entspricht der Sammelrechnung.

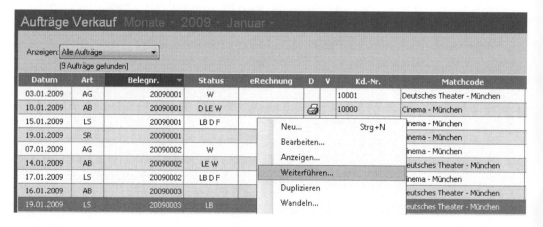

LIEFERSCHEIN WEITERFÜHREN. Wählen Sie den Lieferschein aus, rechte Maustaste, weiterführen.

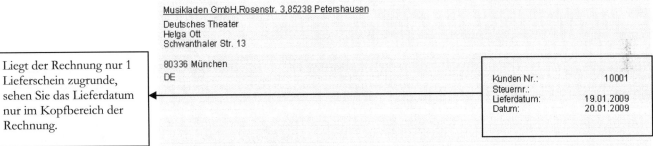

Das Lieferdatum wurde aus dem Lieferschein übernommen und sollte nicht verändert werden.

Auftragsart	Rechnung	RG-Datum	20.01.2009
Kd-Nr., Matchcode	10001 🔍 Deutsches Theater 🔍	RG-Nr.	20090001
Anrede		Lieferdatum	19.01.2009
Firma	Deutsches Theater	Bearbeiter	
Name, Vorname		Bestellnummer	
Zusatz		Preisgruppe	Preisgruppe 1
Ansprechpartner	Helga Ott	Währung	EUR
Straße, Nr.	Schwanthaler Str. 13	Kostenstelle	\<keine\>
PLZ, Ort	80336 München	Kostenträger	\<keine\>
Land	DE	Projektnummer	🔍
Wiedervorlage	🕐 TAM		
Auftragsbeschreibung			
Herzlichen Dank für Ihre telefonische Bestellung durch Frau Ott am 14.01.2009			

LIEFERSCHEIN WEITERFÜHREN. Sobald Sie einen Lieferschein weiterführen, wird das Lieferdatum korrekt in die Rechnung übernommen.

Musikladen GmbH,Rosenstr. 3,85238 Petershausen

Deutsches Theater
Helga Ott
Schwanthaler Str. 13

80336 München
DE

Liegt der Rechnung nur 1 Lieferschein zugrunde, sehen Sie das Lieferdatum nur im Kopfbereich der Rechnung.

Kunden Nr.:	10001
Steuernr.:	
Lieferdatum:	19.01.2009
Datum:	20.01.2009

Rechnung Nr. 20090001

Herzlichen Dank für Ihre telefonische Bestellung durch Frau Ott am 14.01.2009

Pos	Menge		Text	Einzelpreis EUR	Gesamtpreis EUR
1	1,00	Stck	TOSHIBA HD-EP10-K-TETM HD DVD PLAYER Wiedergabe von: DVD, DVD-R, DVD-RW HD-DVD CD, CD-R, CD-RW Farbe: Schwarz Abm.: (B xH x T) 430 x 65.5 x 345 mm Anschlüsse: 2 Kanal Audio (Analog) Digital Audio (optisch) Komponenten Video Ausgang Composite Video Ausgang S-Video Ausgang HDMI Ethernet Anschluss (RJ45) 2 x Erweiterungsanschlüsse	393,28	393,28
2	1,00	Stck	Simpsons - Der Film Die Simpsons – Der Film – 2007, DVD	15,00	15,00
3	1,00	Psch	Fracht und Verpackung		
			Gesamt Netto		408,28
			zzgl. 19,00 % USt. auf	408,28	77,57
			Gesamtbetrag		**485,85**

Hier die Zahlungskonditionen ohne den Einsatz von Platzhaltern, als reiner Text.

Zahlbar innerhalb von 30 Tagen ohne Abzug

UPS

RECHNUNG. So sieht die normale Rechnung zu einem Lieferschein aus.

Ähnliches gilt für die Neuanlage einer Rechnung unter **Warenwirtschaft → Verkaufsauftrag neu → Rechnung.**

An dieser Stelle sei darauf hingewiesen, dass Sie mittlerweile laut Abgabenordnung (AO) verpflichtet sind, auf der Rechnung das Lieferdatum anzugeben. Wenn Sie keinen Lieferschein schreiben, können Sie sich behelfen, indem Sie auf der Rechnung drucken: **Das Lieferdatum entspricht dem Rechnungsdatum.**

Lernzielkontrolle

☺ **Testen Sie Ihr**
   Wissen

1) Was ist eine Proformarechnung?

2) Worin liegt der Unterschied zwischen einer Rechnung und einer Direktrechnung?

3) Wenn Sie zu einem bestehenden Auftrag eine neue Rechnung aufrufen, welche Positionen werden dann automatisch in den Vorgang übernommen?

4) Wie sieht es bei der Direktrechnung aus?

5) Was ist eine Sammelrechnung?

Praktische Übungen

🖥 Tastaturübungen

1) Erfassen Sie eine Sammelrechnung zum Auftrag 2009-0001 vom 15.01.09 (Cinema) mit Datum 19.01.09. Übernehmen Sie alle Lieferscheine zu diesem Auftrag.

2) Ändern Sie die Zahlungskondition 14 Tage 2%, 30 Tage netto: Ergänzen Sie den Rechnungstext mit Platzhaltern so ab, dass jeweils Datum und zahlbarer Betrag gedruckt werden.

3) Berechnen Sie die zu Auftrag 2009-0002 vom 14.01.09 (Deutsches Theater) erfasste Teillieferung mit Datum 19.01.09.

4) Führen Sie Auftrag 2009-0003 vom 16.01.09 weiter in eine Direktrechnung mit Datum 20.01.09.

5) Erfassen Sie für unseren Kunden Cinema (D10000) eine neue Direktrechnung mit Datum 22.01.09 über einen DVD-Player. Berechnen Sie für den Versand EUR 10,00. Wählen Sie dazu im Feld Auftragsart Rechnung.

Datum	Art	Belegnr.	Status	eRechnung	D	V	Kd.-Nr.	Matchcode	Whrg	Gesamt
03.01.2009	AG	20090001	W				10001	Deutsches Theater - München	EUR	485,85
10.01.2009	AB	20090001	D LE W		🖨		10000	Cinema - München	EUR	821,10
15.01.2009	LS	20090001	LB D F		🖨		10000	Cinema - München	EUR	419,48
19.01.2009	SR	20090001					10000	Cinema - München	EUR	821,10
20.01.2009	RG	20090001					10001	Deutsches Theater - München	EUR	485,85
07.01.2009	AG	20090002	W				10000	Cinema - München	EUR	821,10
14.01.2009	AB	20090002	LE W				10001	Deutsches Theater - München	EUR	485,85
17.01.2009	LS	20090002	LB D F		🖨		10000	Cinema - München	EUR	401,63
20.01.2009	RG	20090002	LB D		🖨		10001	Deutsches Theater - München	EUR	4.463,88
16.01.2009	AB	20090003	LE W				10001	Deutsches Theater - München	EUR	4.463,88
19.01.2009	LS	20090003	LB F W				10001	Deutsches Theater - München	EUR	485,85
22.01.2009	RG	20090003	LB				10000	Cinema - München	EUR	479,90

AUSWAHL AUFTRÄGE. So sieht die Übersicht mit allen Rechnungen und Vorgängen aus.

Buchungsliste übertragen (Rechnungsausgangsbuch)

Das Bindeglied zwischen Auftragsbearbeitung und Finanzbuchhaltung und Vorraussetzung für den Aufbau der Offenen Posten ist die Buchungsliste.

Erst mit der Buchung erfolgt die Übergabe der Umsätze in die Finanzbuchhaltung und es werden für die einzelnen Kunden offene Posten erzeugt. Bis dahin haben Sie noch die Möglichkeit, bereits erfasste Belege zu ändern.

Wichtig

Es nicht sinnvoll, nachträglich Rechnungen zu ändern, die bereits verschickt wurden. Sie können nicht prüfen, welche Rechnung der Kunde letztlich bucht, die ursprüngliche oder die neue. In diesem Fall haften Sie bzw. Ihre Firma für den Fall, dass sich Ihr Kunde zuviel Vorsteuer abzieht, gegenüber dem Finanzamt. Insofern ist es besser, die Buchungsliste täglich zu drucken, damit an den Rechnungen keine Änderungen mehr möglich sind. Der korrekte Weg ist dann eine Berichtigung über Storno oder Gutschrift und anschließende Neuberechnung.

Beim Druck der Buchungsliste passieren im Einzelnen folgende Dinge:

Die Umsätze (Erlöse) werden in die Finanzbuchhaltung in einen Buchungsstapel übergeben.

Die Kundenforderungen werden in die Buchhaltung übertragen.

Alle Rechnungen, Gutschriften und Stornorechnungen werden zur weiteren Bearbeitung gesperrt, d.h. sie können nur noch angesehen und als Kopie gedruckt werden.

Erst wenn der Buchungsstapel im Buchhalter ausgebucht wird, werden die offenen Posten beim Kunden erzeugt.

Wichtig

Die Übertragung der Buchungsliste kann nicht per Knopfdruck rückgängig gemacht werden. **Es ist daher dringend anzuraten, vor jeder Übertragung eine Datensicherung zu erstellen.**

Rechnung buchen

Für die Buchung Ihrer Rechnungen gibt es verschiedene Möglichkeiten: Sie können entweder jeden Beleg einzeln sofort nach Druck und Versand in die Buchhaltung übertragen oder in bestimmten Intervallen (am Besten täglich) alle Belege gesammelt. Wir werden beide Möglichkeiten zeigen.

Zuerst übertragen wir nur unsere Sammelrechnung 2009-0001 in die Buchhaltung. Dazu wählen Sie unter **Warenwirtschaft → Aufträge Verkauf** die entsprechende Rechnung aus, drücken die rechte Maustaste und wählen: **buchen**.

Wählen Sie buchen, um die markierte Sammelrechnung vom 19.01.2009 in den Buchhalter zu übertragen.

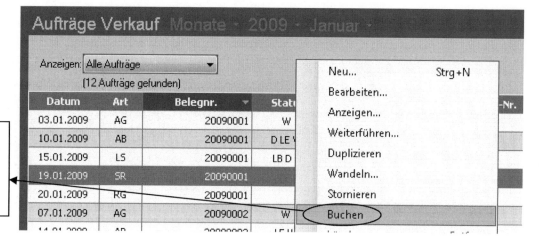

AUFTRÄGE BUCHEN. Markieren Sie alle Aufträge, die gebucht werden sollen und klicken Sie auf Buchen.

Bevor der Auftrag gebucht wird, erscheint eine Sicherheitsabfrage, dass die Rechnung nach der Buchung nicht mehr geändert werden kann.

Bestätigen Sie die Abfrage mit ja, um die ausgewählte Rechnung zu buchen.

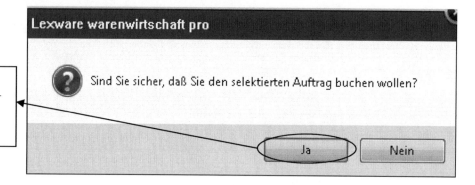

SICHERHEITSABFRAGE. Bestätigen Sie die Abfrage mit ja, um die Rechnung zu buchen.

Weiter geht es mit der Frage: Wollen Sie das Protokoll anzeigen? Lassen Sie das Protokoll anzeigen und prüfen Sie, ob die Buchungen vollständig und korrekt sind.

Sagen Sie ja, um an Hand des Protokolls zu prüfen, ob die Rechnung vollständig und korrekt gebucht wurde.

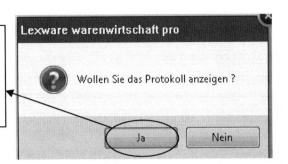

ABFRAGE. Bestätigen Sie mit ja, um das Protokoll am Bildschirm anzuzeigen.

Im Buchungsprotokoll sehen Sie jetzt die Buchungen zu Ihrer ausgewählten Rechnung. Sie können jede einzelne Buchungszeile prüfen.

Prüfen Sie insbesondere das Erlöskonto und den Steuerschlüssel.

BUCHUNGSPROTOKOLL. Prüfen Sie das Protokoll in der Anfangsphase besonders gründlich.

So sieht Ihre Buchung im Buchungsstapel aus.

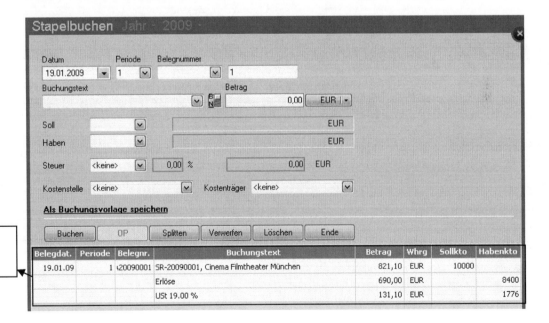

STAPELBUCHEN. Im Lexware buchhalter pro finden Sie jetzt unter Stapelbuchen Ihre übertragene Rechnung.

Die Buchungen werden in einen Buchungsstapel übergeben. Erst, wenn Sie den Stapel ausbuchen, sehen Sie die Buchung auf dem Kundenkonto. Dazu wählen Sie: **Buchhalter → Buchen → Stapel ausbuchen.** Diese Arbeit übernimmt in der Regel Ihre Buchhaltung. Alternativ gibt es in der Version 2009 ein eigenes Icon dafür.

STAPEL AUSBUCHEN. Mit Stapel verarbeiten werden alle Buchungen aus dem ausgewählten Stapel ins Journal übertragen.

Dabei haben Sie nicht nur die Möglichkeit, einzelne Buchungsstapel auszuwählen und zu verarbeiten. In der Übersicht sehen Sie sofort, wie viele Buchungen im Stapel erfasst wurden.

Im Mehrplatz können Sie die Stapel auch nach Benutzer auswählen.

Hier sehen Sie auf einen Blick, wie viele Buchungen der ausgewählte Stapel enthält.

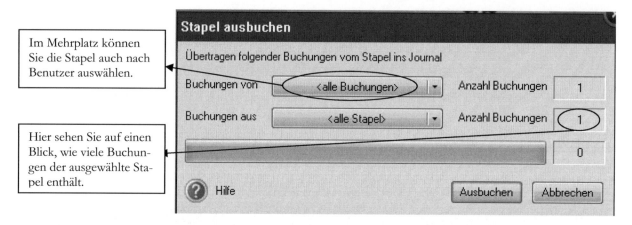

STAPEL AUSBUCHEN. Markieren Sie alle Aufträge, die gebucht werden sollen und klicken Sie auf Buchen.

Abschließend kommt noch eine Vollzugsmeldung:

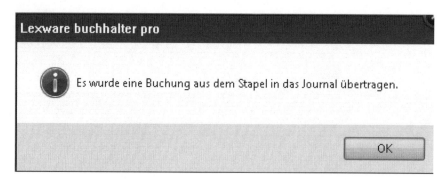

MELDUNG. In der Meldung sehen Sie, wie viele Buchungen ins Journal übertragen wurden.

Die Buchungsliste

Die andere Alternative ist über **Extras → Buchungsliste übertragen** alle bis zu einem bestimmten Tag erfassten Belege auf einmal in den Buchhalter zu übertragen.

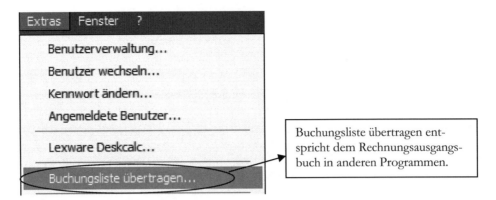

Buchungsliste übertragen entspricht dem Rechnungsausgangsbuch in anderen Programmen.

BUCHUNGSLISTE ÜBERTRAGEN. Am besten täglich drucken, mindestens jedoch wöchentlich.

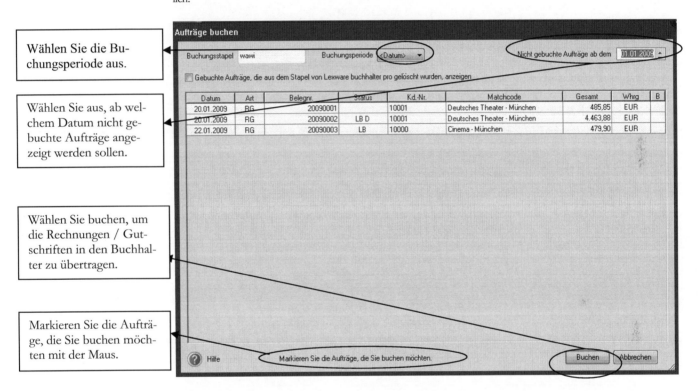

Wählen Sie die Buchungsperiode aus.

Wählen Sie aus, ab welchem Datum nicht gebuchte Aufträge angezeigt werden sollen.

Wählen Sie buchen, um die Rechnungen / Gutschriften in den Buchhalter zu übertragen.

Markieren Sie die Aufträge, die Sie buchen möchten mit der Maus.

AUFTRÄGE BUCHEN. Markieren Sie alle Aufträge, die gebucht werden sollen und klicken Sie auf Buchen (auf dem Screenshot sind die Rechnungen noch nicht markiert; sonst wären Sie dunkelblau unterlegt).

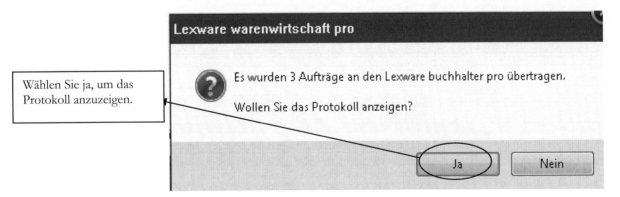

Wählen Sie ja, um das Protokoll anzuzeigen.

AUFTRÄGE BUCHEN -HINWEIS. Es erfolgt ein Hinweis, wie viele Aufträge in den Lexware buchhalter pro übertragen wurden.

In der Buchungsliste (im Protokoll) können Sie prüfen, ob alle Rechnungen und Gutschriften korrekt gebucht wurden.

Die Buchungen sind immer Belegweise zusammengefasst, so dass an Hand der Rechnung eine einfache Kontrolle möglich ist.

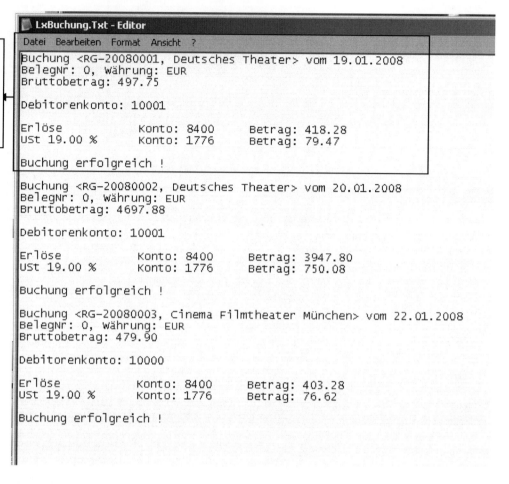

```
LxBuchung.Txt - Editor
Datei  Bearbeiten  Format  Ansicht  ?

Buchung <RG-20080001, Deutsches Theater> vom 19.01.2008
BelegNr: 0, Währung: EUR
Bruttobetrag: 497.75

Debitorenkonto: 10001

Erlöse              Konto: 8400      Betrag: 418.28
USt 19.00 %         Konto: 1776      Betrag: 79.47

Buchung erfolgreich !

Buchung <RG-20080002, Deutsches Theater> vom 20.01.2008
BelegNr: 0, Währung: EUR
Bruttobetrag: 4697.88

Debitorenkonto: 10001

Erlöse              Konto: 8400      Betrag: 3947.80
USt 19.00 %         Konto: 1776      Betrag: 750.08

Buchung erfolgreich !

Buchung <RG-20080003, Cinema Filmtheater München> vom 22.01.2008
BelegNr: 0, Währung: EUR
Bruttobetrag: 479.90

Debitorenkonto: 10000

Erlöse              Konto: 8400      Betrag: 403.28
USt 19.00 %         Konto: 1776      Betrag: 76.62

Buchung erfolgreich !
```

BUCHUNGSPROTOKOLL. Im Protokoll sehen Sie jede einzelne Buchung, die erzeugt wurde.

Auch bei dieser Variante wird wieder in einen Buchungsstapel übergeben, so dass die Buchungen vom Buchhalter zum gewünschten Zeitpunkt übernommen werden können. Optional kann der Buchungsstapel auch vor der Übernahme kontrolliert und bearbeitet werden.

🗁 **Wichtig**

Bitte beachten Sie bei der Möglichkeit der Bearbeitung: Es wurde ein Beleg an den Kunden verschickt, d.h. nachträgliche Änderungen haben zwingend in der Warenwirtschaft zu erfolgen. Hier gilt ganz klar das Verursachungsprinzip: Die Stelle, an der ein Fehler entstanden ist, ist auch für die Korrektur verantwortlich. Sonst stimmt im Falle einer Prüfung Ihre Warenwirtschaft nicht mehr mit Ihrer Buchhaltung überein.

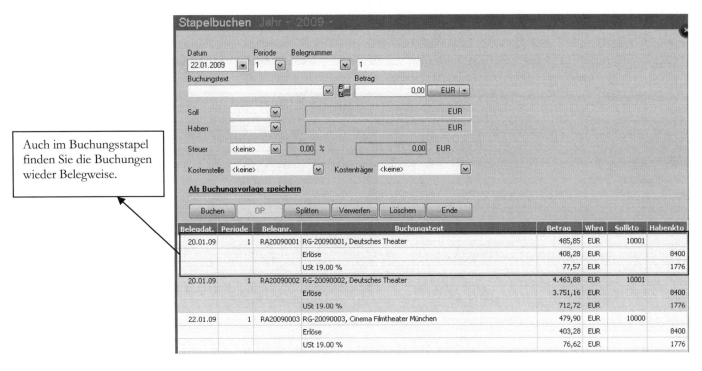

Auch im Buchungsstapel finden Sie die Buchungen wieder Belegweise.

BUCHUNGSSTAPEL. Im Buchungsstapel sehen Sie jeden einzelnen Beleg und haben so die Möglichkeit, die Daten zu prüfen, bevor Sie den Stapel ausbuchen.

Praxistipp

Zu Problemen bei der Übergabe der Buchungsliste kann es kommen, wenn eine Rechnung und eine zugehörige Gutschrift in derselben Buchungsliste übertragen werden, denn beide haben dieselbe Belegnummer. Im ungünstigsten Fall verschluckt das Programm die Rechnung und übergibt nur die Gutschrift. Unser Tipp: Bei Gutschriften generell die OP-Liste prüfen, ob Rechnung und Gutschrift korrekt gebucht wurden.

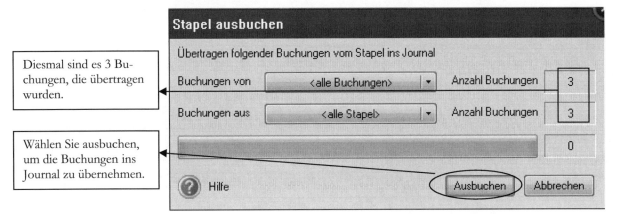

Diesmal sind es 3 Buchungen, die übertragen wurden.

Wählen Sie ausbuchen, um die Buchungen ins Journal zu übernehmen.

STAPEL AUSBUCHEN. Wenn Sie alleine Programm arbeiten, können Sie alle Stapel ausbuchen. Arbeiten mehre Personen im Netz mit dem Programm, ist es sinnvoll, dass jeder nur seine eigenen Stapel ausbucht.

Optional könnten Sie die Einstellungen in den Firmendaten so wählen, dass bei Druck einer Rechnung sofort die Abfrage kommt, ob Sie die Rechnung buchen wollen. Davon rate ich ab, denn mit der Buchung ist die Rechnung nicht mehr änderbar. Manchmal bemerkt man aber Fehler erst, wenn der gedruckte Beleg vor einem liegt, oder der Kunde ruft 5 Minuten später noch einmal an und ändert seine Bestellung. Aber Sie können nichts mehr ändern, weil der Beleg schon gebucht wurde. Das ist dann ungeschickt und verursacht zusätzliche Arbeit.

Nach Übertragung der Buchungsliste können Sie an Hand der OP-Liste abstimmen, ob alle Rechnungen und Gutschriften korrekt gebucht wurden. Dazu wählen Sie: **Warenwirtschaft → Berichte → Journale → Offene Posten-Liste.**

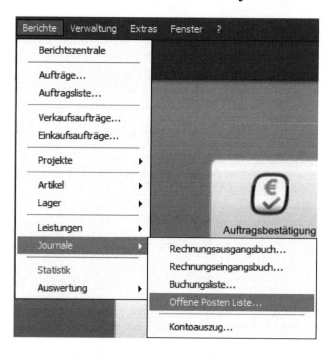

AUFRUF OFFENE POSTEN-LISTE. Hier drucken Sie eine OP-Liste.

Markieren Sie, wie die OP-Liste sortiert werden soll.

Optional können Sie die OP-Liste auch für einzelne Kunden drucken.

Auch hier stehen wieder unterschiedliche Listenvarianten zur Verfügung.

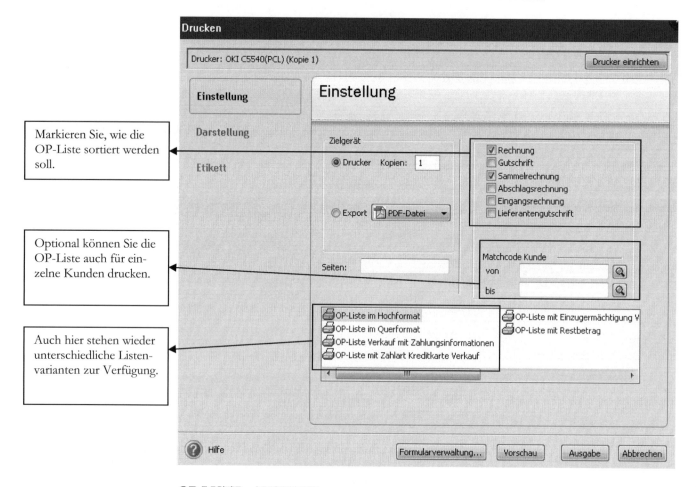

OP-LISTE - AUSWAHL. Markieren Sie alle Belegarten die in der OP-Liste aufgeführt werden sollen.

Da wir weder manuell offene Posten erfasst haben, noch Zahlungseingänge, stimmt unsere erste OP-Liste mit der Liste aller übertragenen Buchungen überein.

Musikladen GmbH, Rosenstr. 3, 85238 Petershausen

Offene Posten Liste

Datum	Kennung	Kunde	EURO - Gesamt
19.01.2009	SR 20090001	Cinema Filmtheater München Mymphenburger Str. 31, 80335 München	821,10
20.01.2009	RG 20090001	Deutsches Theater Schwanthaler Str. 13, 80336 München	485,85
20.01.2009	RG 20090002	Deutsches Theater Schwanthaler Str. 13, 80336 München	4.463,88
22.01.2009	RG 20090003	Cinema Filmtheater München Mymphenburger Str. 31, 80335 München	479,90
Summe offene Posten Verkauf			6.250,73

OFFENE POSTEN-LISTE. Mit der OP-Liste können Sie prüfen, ob alle Ihre Belege korrekt in die Buchhaltung übernommen wurden.

Bitte drucken Sie vor jedem Mahnlauf eine OP-Liste und überprüfen Sie, ob auch alle Zahlungseingänge korrekt erfasst wurden.

Lernzielkontrolle

☺ **Testen Sie Ihr**

Wissen

1) Wie oft sollten Sie die Buchungsliste übertragen?

2) Erklären Sie mit eigenen Worten, was vom Druck der Buchungsliste bis zur Buchung im Journal alles passiert.

3) Warum sollten Sie vor der Übertragung der Buchungsliste grundsätzlich eine Datensicherung erstellen?

4) Müssen Sie die Rechnungen auch buchen, wenn Sie nicht mit dem Buchhalter arbeiten?

Praktische Übungen

⌨ Tastaturübungen

1) Erstellen Sie eine Datensicherung.[34]

2) Buchen Sie die Rechnung 2009-0001 und buchen Sie den Stapel im Buchhalter aus.

3) Übertragen Sie die Buchungsliste für alle weiteren Belege, prüfen Sie das Protokoll und den Buchungsstapel und buchen Sie den Stapel aus.

4) Drucken Sie eine Offene Posten Liste und prüfen Sie diese auf Vollständigkeit.

---

[34] Auch wenn Sie ein funktionierendes Datensicherungskonzept haben, ist es manchmal sinnvoll, eine Zwischensicherung zu machen, um sich bei Fehlern zusätzliche Arbeit zu ersparen. Alternativ können Sie auch den Mandanten auf eine andere Nummer kopieren.

Gutschrift/Storno

In diesem Kapitel lernen Sie, wie eine nachträgliche Rechungskorrektur mit Hilfe einer Gutschrift oder einer Stornorechnung durchgeführt wird.

F ür den Fall, dass sich an einer Rechnung nach der Übergabe in den Buchhalter noch etwas ändert, haben Sie die Möglichkeit, mit Hilfe einer Gutschrift oder eines Stornos entsprechende Korrekturen vorzunehmen.

Grundsätzlich gilt: Ein Fehler, der in der Warenwirtschaft entstanden ist, wird auch in der Warenwirtschaft korrigiert. Also bitte nicht einfach in der Finanzbuchhaltung eine Gutschrift buchen, ohne diese in der Wartenwirtschaft zu erfassen.

Gutschrift / Stornorechnung

Unabhängig davon, ob es möglich ist, oder nicht, sollten Sie generell keine Rechnung mehr ändern, die Ihr Haus bereits verlassen hat. Auch dann nicht, wenn Sie nur die Anschrift ändern wollen. Dann lieber ganz korrekt stornieren und neu berechnen, denn dann können Sie später selbst auch jederzeit nachvollziehen, was im Einzelnen abgelaufen ist.

Es gibt im Wesentlichen 3 Situationen, in denen nachträglich eine bereits gestellte Rechnung zu korrigieren ist:

1) Der Preis wird nachträglich verringert, weil zu viel berechnet wurde, man versäumt hat, einen vereinbarten Rabatt oder Sonderpreis zu berücksichtigen oder die Ware einen kleinen Mangel aufweist und man sich auf eine Minderung des Kaufpreises einigt. Die Ware bleibt beim Kunden.

2) Der Kunde schickt die Ware zurück, weil Sie falsch geliefert wurde oder so stark beschädigt ist, dass eine Verwendung für den Kunden nicht in Frage kommt.

3) Die Rechnungsanschrift ist fehlerhaft oder die Rechnung soll auf eine andere Firma ausgestellt werden.

In diesen Fällen können wir eine Gutschrift erstellen bzw. die Rechnung stornieren. Dabei können Beträge korrigiert werden und/oder auch Mengen, d.h. die Ware kann automatisch auf unser Lager zurückgebucht werden.

Für die Gutschrift[35] gilt: Sie bezieht sich auf eine von uns gestellte Rechnung und dieser Bezug wird bei der Erfassung eingegeben. Bei der Übergabe in die Finanzbuchhaltung mindert die Gutschrift dann automatisch den zugehörigen Rechnungs-OP

Wir stornieren die Rechnung 2009-0003 vom 22.01.2009 an unseren Kunden Cinema Filmtheater, München. Grund: die Ware kam zurück, weil der Kunde den falschen Artikel bestellt hat. In diesem Fall ist die Ware noch original verpackt und unbeschädigt und kann deshalb gleich wieder auf unser Lager zurückgebucht werden.

Dazu öffnen Sie: **Warenwirtschaft → Aufträge Verkauf**, klicken mit der rechten Maustaste auf die Rechnung 2009-0003 und wählen **stornieren**.

In diesem Fall werden alle Daten aus der Rechung übernommen und die einzelnen Positionen mit einem Minuszeichen versehen.

📁 **Wichtig**

Achtung: eine Stornorechnung kann nachträglich nicht mehr verändert werden. Sobald das Storno gespeichert ist, ist der Vorgang abgeschlossen. Es werden grundsätzlich alle Positionen aus der Rechnung übernommen, eine Änderung ist nicht möglich.

Über stornieren ist es am Einfachsten, eine Gutschrift zu einer bestehenden Rechnung zu erzeugen.

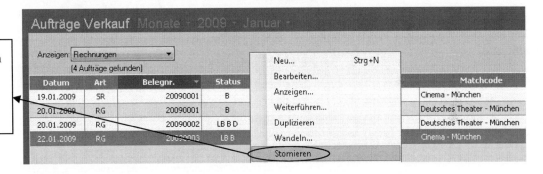

STORNORECHNUNG. Die Stornorechnung (Gutschrift) wird zum bestehenden Auftrag erfasst., d.h. es kann nur eine bestehende Rechnung storniert werden.

Wenn Sie stornieren ausgewählt haben, geben Sie als Datum den 25.01.2009 ein und sich selbst als Bearbeiter.

---

[35] Seit dem 01.01.2004 sind Sie verpflichtet, bei Stornos und Gutschriften die Steuernummer des Empfängers mit anzugeben. Wenn Sie die Steuernummer Ihrer Kunden generell erfassen und automatisch in die Formulare Gutschrift und Stornorechnung einbinden wollen, besteht die Möglichkeit, die Steuernummer im Kundenstamm zu erfassen.

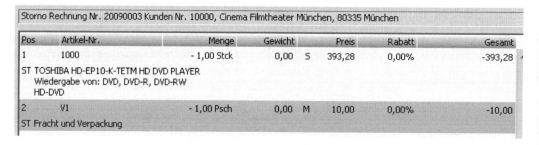

Auftragsart	Storno		ST- Datum	25.01.2009
Kd-Nr., Matchcode	10000	Cinema - München	ST- Nr.	<Auto-Nr.>
Anrede			Lieferdatum	22.01.2009
Firma	Cinema Filmtheater München		Bearbeiter	Jörg Merk
Name, Vorname			Bestellnummer	
Zusatz			Preisgruppe	Preisgruppe 1
Ansprechpartner	Claudia Huber		Währung	EUR
Straße, Nr.	Mymphenburger Str.	31	Kostenstelle	<keine>
PLZ, Ort	80335 München		Kostenträger	<keine>
Land	DE		Projektnummer	
	☐ Wiedervorlage			

Auftragsbeschreibung
Rücklieferung, da falsche Ware bestellt.

Auf dieser Seite können Sie nur da Stornodatum und den Bearbeiter erfassen. Alle anderen Felder werden aus der Rechnung übernommen und können nicht verändert werden.

Sofern bekannt, sollten Sie im Vorgang auch den Grund für das Storno erfassen, um Rückfragen zu vermeiden.

STORNO. Achten Sie auf das korrekte Belegdatum und ergänzen Sie sich als Bearbeiter. und tragen Sie den Grund für das Storno ein.

In der Praxis prüfen Sie bitte an dieser Stelle, ob die Ware auch unversehrt zurückgeliefert wurde.

Im Positionsbereich sehen Sie jetzt alle Rechnungspositionen mit Minuszeichen.

Storno Rechnung Nr. 20090003 Kunden Nr. 10000, Cinema Filmtheater München, 80335 München

Pos	Artikel-Nr.	Menge	Gewicht		Preis	Rabatt	Gesamt
1	1000	- 1,00 Stck	0,00	S	393,28	0,00%	-393,28
	ST TOSHIBA HD-EP10-K-TETM HD DVD PLAYER Wiedergabe von: DVD, DVD-R, DVD-RW HD-DVD						
2	V1	- 1,00 Psch	0,00	M	10,00	0,00%	-10,00
	ST Fracht und Verpackung						

STORNO - POSITIONEN. Im Storno werden automatisch alle Positionen aus der Rechnung mit einem Minuszeichen versehen.

Storno Rechnung Nr. 20090003 Kunden Nr. 10000, Cinema Filmtheater München, 80335 München

Beim Storno sind Zahlungskondition und Lieferart nicht änderbar.

| Zahlungsbedingungen | 14 Tage mit 2 %, 30 | Zahlen Sie bis zum 08.02.2009 -470,30 EUR (abzüglich 2% Skonto) oder bis zum 24.02.2009 -479,90 EUR |
| Lieferart | Lieferung frei Haus | |

Rohgewinn	-78,66	Gesamtbetrag Hauptleistung		-403,28
		abzüglich 0,00 % Rabatt	-	0,00
Rohgewinn in %	0,00			-403,28
Gewinn		Nettobetrag Nebenleistung		0,00
	0,00	Umsatzsteuer		-76,62
		Rechnungsbetrag		-479,90 EUR
			Netto	Steuersatz	
Abzüglich Abschlagsbetrag			-0,00	<keine>	-0,00
Forderungsbetrag					-479,90
Nachbemerkung					

STORNO. Im Storno werden automatisch die Zahlungs- und Rabattvereinbarungen aus der Rechnung übernommen.

Wenn Sie das Storno speichern, kommt ein wichtiger Hinweis. Bitte in Ruhe lesen, bevor Sie bestätigen.

Bestätigen Sie den Hinweis mit ja, um die Stornierung abzuschließen. Dabei werden die Mengen zurückgebucht.

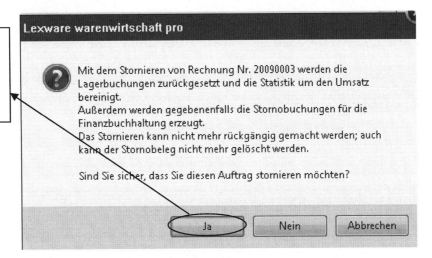

STORNO - HINWEIS. Wenn Sie unsicher sind, ob wirklich die komplette Rechnung storniert werden soll, können Sie an dieser Stelle noch immer abbrechen.

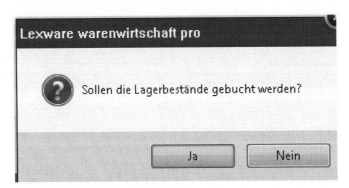

STORNO - HINWEIS LAGERBESTÄNDE. Wenn Sie die Ware bereits geprüft haben, können Sie die Meldung mit ja bestätigen und die Ware automatisch auf Ihr Lager zurückbuchen.

Im Anschluss die Stornorechnung in der Druckvorschau.

Musikladen GmbH, Rosenstr. 3, 85238 Petershausen

Cinema Filmtheater München
Claudia Huber
Mymphenburger Str. 31

80335 München
DE

Kunden Nr.:	10000
Bearbeiter:	Jörg Merk
Steuernr.:	
Lieferdatum:	22.01.2009
Datum:	25.01.2009

Hier haben Sie in den Kopfdaten gleich einen Hinweis auf die betroffene Rechnung.

Storno Nr. 20090001
zu Rechnung Nr. 20090003 vom 22.01.2009

Rücklieferung, da falsche Ware bestellt.

Bei Lexware werden im Storno alle Beträge mit Minus dargestellt.

Pos	Menge		Text	Einzelpreis EUR	Gesamtpreis EUR
1	-1,00	Stck	TOSHIBA HD-EP10-K-TETM HD DVD PLAYER Wiedergabe von: DVD, DVD-R, DVD-RW HD-DVD CD, CD-R, CD-RW	393,28	-393,28
			Farbe: Schwarz Abm.: (B x H x T) 430 x 65.5 x 345 mm Anschlüsse: 2 Kanal Audio (Analog) Digital Audio (optisch) Komponenten Video Ausgang Composite Video Ausgang S-Video Ausgang HDMI Ethernet Anschluss (RJ45) 2 x Erweiterungsanschlüsse		
2	-1,00	Psch	Fracht und Verpackung	10,00	-10,00
			Gesamt Netto		-403,28
			zzgl. 19,00 % USt. auf	-403,28	-76,62
			Gesamtbetrag		**-479,90**

Zahlen Sie bis zum 08.02.2009 -470,30 EUR (abzüglich 2% Skonto)
oder bis zum 24.02.2009 -479,90 EUR

Lieferung frei Haus

STORNO. In der Druckvorschau noch einmal alle Infos im Überblick.

Wenn Sie nur einzelne Positionen einer Rechnung gutschreiben wollen, bleibt die Möglichkeit der Gutschrift. Sie können eine Rechnung auch weiterführen in eine Gutschrift. Auf diesem Wege haben Sie die Möglichkeit der Bearbeitung aller Felder, sowohl im Positionsbereich, als auch bei den Konditionen.

Um die Unterschiede zwischen stornieren und gutschreiben einmal zu verdeutlichen, schreiben wir für die Rechnung 2009-0002 an das Deutsche Theater die Fracht und Verpackungskosten in Höhe von EUR 15,00 gut.

Wählen Sie unter **Warenwirtschaft → Aufträge Verkauf** die Rechnung 2009-0002 aus, rechte Maustaste und weiterführen. Wählen Sie die **Vorgangsart Gutschrift** und tragen Sie als Datum den 25.01.2009 ein.

Wählen Sie als Vorgangsart Gutschrift.

Tragen Sie als Datum den 25.01.2009 ein.

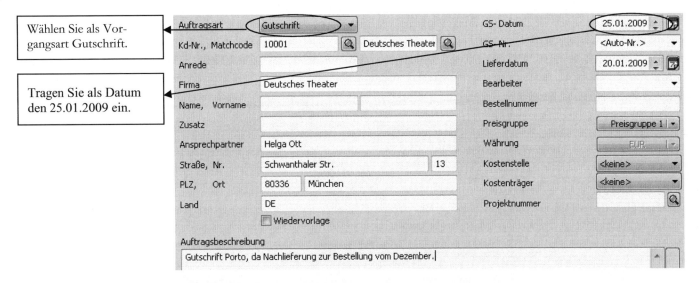

GUTSCHRIFT. In der Gutschrift können, im Gegensatz zum Storno, alle Positionen bearbeitet werden

Löschen Sie alle Positionen mit Ausnahme der Fracht und Verpackungskosten und drucken Sie die Gutschrift aus.

In der Druckvorschau sehen Sie die Gutschrift mit allen Details. Dabei fallen 2 wesentliche Unterschiede zum Storno sofort ins Auge: Bei der Gutschrift ist keine Rechnungsnummer angegeben und die Beträge sind positiv.

Anders als beim Storno wird bei der Gutschrift kein Rechnungsbezug angegeben. Optional können Sie die Rechnungsnummer im Text mit angeben.

GUTSCHRIFT. In der Druckvorschau noch einmal alle Infos im Überblick.

Für die Praxis gilt es, folgendes zu klären:

Sollen wirklich alle Positionen storniert/gutgeschrieben werden? Das ist in erster Linie davon abhängig, warum die Rücklieferung erfolgt ist; war es unser Fehler (z.B. falsches Produkt geliefert) dann werden wir mit Sicherheit auch die Fracht gutschreiben. Liegt der Fehler beim Kunden (z.B. falschen Artikel bestellt) ist es eine Frage der Kulanz, wie mit den Frachtkosten verfahren wird.

Der zweite Punkt ist die Frage: soll es eine Ersatzlieferung geben?

Wenn Sie jetzt die Gutschrift erneut aufrufen und auf den Info-Button klicken, sehen Sie die ganze Historie zu diesem Auftrag.

Wählen Sie o.k., um den Vorgang anzuzeigen.

HINWEIS: GUTSCHRIFT WURDE BEREITS GEBUCHT. In diesem Fall können Sie die Gutschrift nur noch anzeigen und sich die Info anzeigen lassen.

Anschließend wählen Sie Info, um die Historie zu diesem Vorgang anzuzeigen. Sie sehen jetzt die einzelnen Stationen vom Angebot bis hin zur Gutschrift.

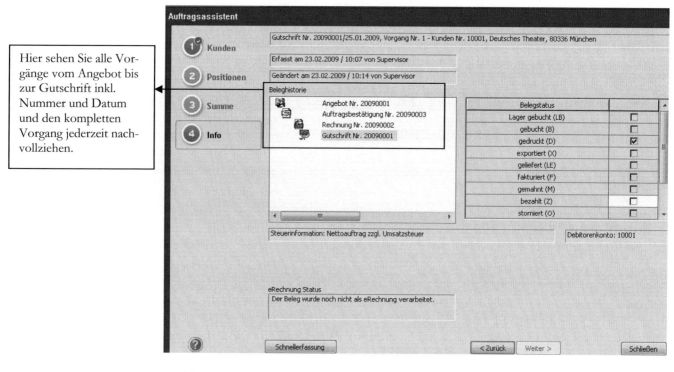

Hier sehen Sie alle Vorgänge vom Angebot bis zur Gutschrift inkl. Nummer und Datum und den kompletten Vorgang jederzeit nachvollziehen.

GUTSCHRIFT - INFO. Unter Info sehen Sie die gesamte Entstehungsgeschichte zu dem ausgewählten Vorgang. Voraussetzung dafür ist allerdings, dass der Vorgang, wie in diesem Beispiel, immer über den Punkt weiterführen in die nächste Stufe überführt wurde.

Lernzielkontrolle

☺ **Testen Sie Ihr**

Wissen

1) Was ist der Unterschied zwischen Gutschrift und Stornorechnung?

2) Wie funktioniert die Positionsübernahme?

3) Wo liegen die Vorteile der automatischen Positionsübernahme bei der Stornorechnung?

Praktische Übungen

Tastaturübungen

1) Stornieren Sie die Direktrechnung 2009-0003 vom 22.01.09 per 25.01.09 mit allen Positionen.

2) Erstellen Sie zur Rechnung 2009-0002 (Deutsches Theater) eine Gutschrift über die Fracht und Transportkosten in Höhe von EUR 15,00.

Neu in der Version 2009 ist die Anzeige der Anzahl der Vorgänge.

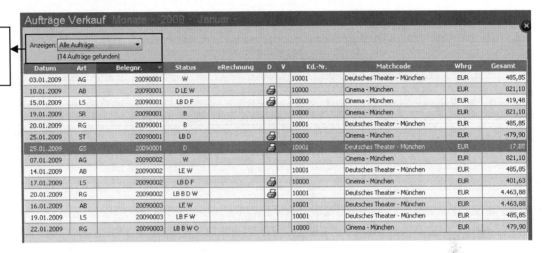

Aufträge Verkauf   Monate - 2009 - Januar

Anzeigen: Alle Aufträge

(14 Aufträge gefunden)

Datum	Art	Belegnr.	Status	eRechnung	D	V	Kd.-Nr.	Matchcode	Whrg	Gesamt
03.01.2009	AG	20090001	W				10001	Deutsches Theater - München	EUR	485,85
10.01.2009	AB	20090001	D LE W		🖨		10000	Cinema - München	EUR	821,10
15.01.2009	LS	20090001	LB D F		🖨		10000	Cinema - München	EUR	419,48
19.01.2009	SR	20090001	B				10000	Cinema - München	EUR	821,10
20.01.2009	RG	20090001	B				10001	Deutsches Theater - München	EUR	485,85
25.01.2009	ST	20090001	LB D		🖨		10000	Cinema - München	EUR	-479,90
25.01.2009	GS	20090001	D		🖨		10001	Deutsches Theater - München	EUR	17,85
07.01.2009	AG	20090002	W				10000	Cinema - München	EUR	821,10
14.01.2009	AB	20090002	LE W				10001	Deutsches Theater - München	EUR	485,85
17.01.2009	LS	20090002	LB D F		🖨		10000	Cinema - München	EUR	401,63
20.01.2009	RG	20090002	LB B D W		🖨		10001	Deutsches Theater - München	EUR	4.463,88
16.01.2009	AB	20090003	LE W				10001	Deutsches Theater - München	EUR	4.463,88
19.01.2009	LS	20090003	LB F W				10001	Deutsches Theater - München	EUR	485,85
22.01.2009	RG	20090003	LB B W O				10000	Cinema - München	EUR	479,90

AUFTRÄGE - GESAMTÜBERSICHT. Zur Kontrolle noch einmal alle Infos im Überblick.

Der Einkauf

Analog zur den Verkaufsaufträgen können Sie in der Lexware warenwirtschaft pro auch Ihren Einkauf ab- wickeln.

Neben den Verkaufsbelegen können auch alle für den Einkauf relevanten Belege erzeugt werden. Dabei haben Sie die Möglichkeit, auftragsbezo- gen zu bestellen, indem Sie einen Kundenauftrag in eine Bestellung wan- deln. Grundsätzlich stehen Ihnen folgende Einkaufsbelege zur Verfü- gung:

Bestellanfrage: Hier fragen Sie bei verschiedenen Lieferanten Preise und Lieferfä- higkeit an. Anschließend können Sie die Bestellanfrage gleich in eine Bestellung wei- terverarbeiten.

Bestellung: Mit der Bestellung haben Sie sich bereits für einen Lieferanten ent- schieden. Wie die Auftragsbestätigung auf der Kundenseite, ist die Bestellung der Auftrag an den Lieferanten, zur Lieferung der bestellten Artikel.

Wareneingang: Mit dem Wareneingang erfassen Sie die gelieferte Ware zu einer Bestellung. Bereits bei der Erfassung wird Ihr Lagerbestand erhöht.

Eingangsrechnung: Hier erfassen Sie die Rechnung zu Bestellung, statt Waren- eingang. Das ist erforderlich für den Fall, dass Sie die Eingangsbelege in die Buch- haltung oder an die **DATEV** übergeben wollen.

Rücksendung: Bei Falschlieferungen oder Reklamationen können Sie eine Rück- sendung an Ihren Lieferanten machen. Das ist im Grunde das Gegenstück zum Wa- reneingang, der Lagerbestand wird wieder reduziert.

Lieferantengutschrift: Eine Lieferantengutschrift wird verwendet, wenn nachträg- lich eine Preisänderung erfolgt und Sie von Ihrem Lieferanten eine Gutschrift erhal- ten oder Ihre Rücklieferung gutgeschrieben wird und keine Ersatzlieferung erfolgt.

Die Vorgehensweise bei der Erstellung eines Einkaufsbeleges entspricht der bei der Auftragserfassung. Auch hier haben wir wieder eine Belegkette, die schrittweise wei- tergeführt werden kann.

Die Bestellung

Eine Bestellung erfassen Sie unter **Warenwirtschaft** ➔ **EK-Auftrag** neu oder über **Warenwirtschaft** ➔ **Aufträge Einkauf** und dann auf der Übersichtsseite rechte Maustaste und **neu**. Oder über das neue Icon Bestellung.

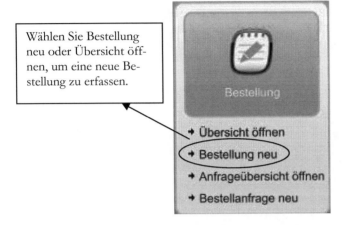

Wählen Sie Bestellung neu oder Übersicht öffnen, um eine neue Bestellung zu erfassen.

NEUEN EINKAUFSBELEG ERFASSEN. So starten Sie die Belegerfassung.

Wir schreiben in unserem Beispiel eine Bestellung an unseren Lieferanten Conrad Electronic (70000). Sie können jetzt im Feld Lf-Nr. wahlweise die Lieferantennummer eingeben (soweit bekannt) oder über **einen Mausklick auf die Lupe** nach einem Lieferanten suchen.

Mit der Eingabe der Lieferantennummer werden alle erforderlichen Daten aus dem Lieferantenstamm übernommen.

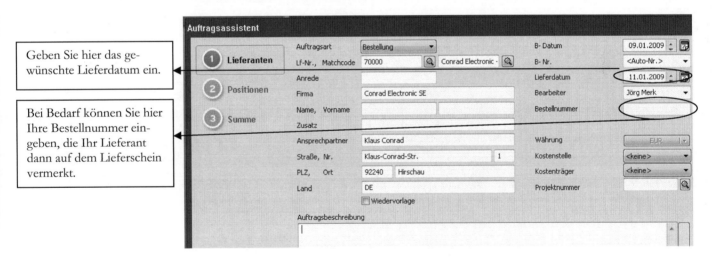

Geben Sie hier das gewünschte Lieferdatum ein.

Bei Bedarf können Sie hier Ihre Bestellnummer eingeben, die Ihr Lieferant dann auf dem Lieferschein vermerkt.

BESTELLUNG KOPFDATEN. Hier erfassen Sie die Lieferantendaten zur Bestellung und den für diese Bestellung zuständigen Bearbeiter.

Neben Bestell- und Lieferdatum haben Sie hier die Möglichkeit, weitere Daten wie Kostenstelle, Kostenträger und Projekt zu erfassen. Sobald Sie alle Eingaben gemacht haben, geht es weiter mit der Positionserfassung.

Mit Hilfe einer eigenen Bestellnummer können Sie den Vorgang beispielsweise einem Kundenauftrag zuordnen.

Wählen Sie Stammartikel.

Hier sehen Sie Artikelnummer und Bezeichnung.

POSITIONSERFASSUNG. Wählen Sie Stammartikel und geben Sie die Artikelnummer für den DVD-Player ein oder öffnen Sie über die Lupe das Suchfenster.

Die Positionstypen sind identisch mit denen der Auftragserfassung. Wählen Sie Stammartikel und erfassen Sie 5 DVD-Player. Dabei können Sie wahlweise die Artikelnummer eingeben oder über einen Mausklick auf die Lupe ein Suchfenster öffnen und den Artikel mit der Maus auswählen. Wählen Sie den DVD-Player und bestätigen Sie. Neben dem Preis können Sie z.B. auch den Artikellangtext verändern, falls der Lieferant noch genauere Angaben benötigt. Wenn alle Artikel korrekt erfasst sind, prüfen Sie bitte auf der nächsten Seite noch die hinterlegten Zahlungskonditionen, die Lieferart und eventuell vereinbarte Rabatte.

Grundsätzlich ist es möglich, diese Einkaufskonditionen vorgangsbezogen zu erfassen. Das bietet sich vor allem an, wenn Sie sehr starke Schwankungen bei der Bestellmenge haben und deshalb jedes Mal individuelle Konditionen aushandeln oder wenn es sich um ein Produkt handelt, für das es einen Tagespreis gibt.

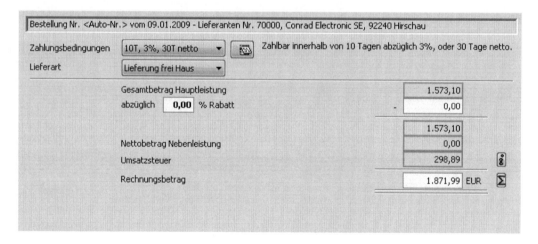

BESTELLUNG - SUMME. Die Summenseite ist ebenfalls identisch mit der Auftragsbestätigung. Prüfen Sie die Zahlungskonditionen und die Lieferart und erfassen Sie bei Bedarf einen vereinbarten Sonderpreis oder Rabatt.

In der Bestellung können Sie optional auch die Artikelnummer des Lieferanten mit andrucken. Das Bestellformular können Sie im Formulargestalter nach Ihren Wünschen anpassen und wahlweise auf Papier ausdrucken oder auch gleich direkt aus dem Programm heraus per Fax oder Mail verschicken.

Musikladen GmbH, Rosenstr. 3, 85238 Petershausen

Conrad Electronic SE
Klaus Conrad
Klaus-Conrad-Str. 1

92240 Hirschau
DE

Lief.-Nr.:	70000
KD.Nr. b. Lief.:	52673
Bearbeiter:	Jörg Merk
Steuernr.:	
Lieferdatum:	11.01.2009
Datum:	09.01.2009

Die Bestellnummern werden fortlaufend vom System vergeben.

Bestellung Nr. 20090001

Pos	Menge		Text	Einzelpreis EUR	Gesamtpreis EUR
1	5,00	Stck	TOSHIBA HD-EP10-K-TETM HD DVD PLAYER Wiedergabe von: DVD, DVD-R, DVD-RW HD-DVD CD, CD-R, CD-RW Farbe: Schwarz Abm.: (B x H x T) 430 x 65.5 x 345 mm Anschlüsse: 2 Kanal Audio (Analog) Digital Audio (optisch) Komponenten Video Ausgang Composite Video Ausgang S-Video Ausgang HDMI Ethernet Anschluss (RJ45) 2 x Erweiterungsanschlüsse	314,62	1.573,10
Gesamt Netto					1.573,10
zzgl. 19,00 % USt. auf				1.573,10	298,89
Gesamtbetrag					**1.871,99**

Zahlbar innerhalb von 10 Tagen abzüglich 3%, oder 30 Tage netto.

Lieferung frei Haus

DIE BESTELLUNG IM ÜBERBLICK.

Lernzielkontrolle

☺ **Testen Sie Ihr Wissen**

1) Welche Vorgangsarten gibt es im Bestellwesen und welche Funktion haben Sie?

2) Welche Positionstypen stehen Ihnen in der Bestellung zur Verfügung?

3) Wie können Sie in der Bestellung eine bereits erfasste Position wieder löschen?

4) Wie können Sie einzelne Felder einer Bestellposition nachträglich ändern?

5) Welche Informationen werden in den Kopfdaten der Bestellung erfasst?

Praktische Übungen

⌨ **Tastaturübungen**

1) Bestellen Sie bei Ihrem Lieferanten Conrad Electronic 5 DVD-Player. Verwenden Sie als Bestelldatum den 09.01.2009, Lieferdatum 11.01.2009 Tragen Sie sich selbst als Mitarbeiter ein.

2) Erfassen Sie eine weitere Bestellung für die Firma Conrad Electronic mit Datum 20.01.2009 zur Lieferung frei Haus am 23.01.2009 und bestellen Sie den Film Die Simpsons 100x.

Wareneingang

Wenn Sie die Lieferung für eine Bestellung bekommen, können Sie diese unter **Warenwirtschaft → Extras → Bestellwesen → Bestelleingang erfassen**.[36]

WARENEINGANG. Neben den aus älteren Versionen bereits bekannten Wegen, gibt es in der Version 2009 für den Wareneingang ein neues Icon zur Erfassung.

Wir erhalten am 15.01.2009 eine Lieferung von der Firma Conrad Electronic: 5 DVD-Player. Zusammen mit der Lieferung (Lieferschein 854759 v. 12.01.09) erhalten wir auch gleich die Rechnung 988223 v. 12.01.2009. Für die Erfassung in unserem System ist es bei dieser Konstellation möglich, einen Wareneingang oder einen Rechnungseingang zu erfassen[37]. Damit wir die Verknüpfung zu unserer Bestellung bekommen, suchen wir uns erst einmal die zugehörige Bestellung raus und wählen dann die Option: **Wareneingang erzeugen**.

Dabei sind zwei Dinge gewöhnungsbedürftig:

1) Das Programm greift an dieser Stelle für die Belegerfassung auf das Systemdatum zurück; eine Änderung ist nicht möglich.

2) Wenn Sie einen Wareneingang erfassen, ist es nicht möglich, diesen Vorgang noch weiterzuführen und nachträglich noch eine Eingangsrechnung zu erfassen. Eine automatische Buchungsübertragung in die Buchhaltung ist auf diesem Wege nicht mehr möglich.

---

[36] Alternativ können Sie auch unter **Warenwirtschaft → Aufträge Einkauf** Ihre Bestellung auswählen und dann rechte Maustaste, weiterführen. Dann kommt eine Abfrage und Sie landen auch wieder in der Maske, die Sie mit Bestelleingang erfassen öffnen.

[37] Eine automatische Übergabe in die Buchhaltung ist nur mit der Auswahl **Eingangsrechnung erzeugen** möglich.

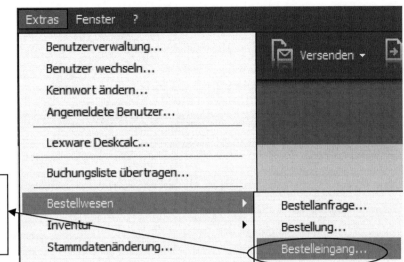

Unter Bestelleingang können Sie Wareneingang und Rechnungseingang erfassen.

BESTELLEINGANG. Sie können über den Programmpunkt Bestelleingang den Waren- oder Rechnungseingang zu Ihrer Bestellung erfassen.

Zunächst kommen Sie in eine Übersicht aller offenen Bestellungen. Hier können Sie die Bestellung auswählen, zu der Sie einen Wareneingang oder eine Eingangsrechnung erfassen wollen.

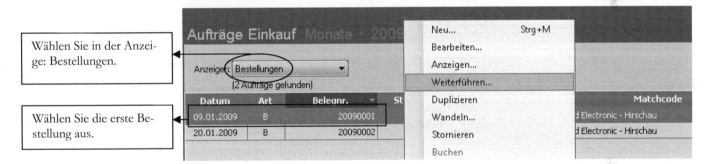

Wählen Sie in der Anzeige: Bestellungen.

Wählen Sie die erste Bestellung aus.

BESTELLEINGANG – ÜBERSICHT BESTELLUNGEN. Sie können in der Auswahl die Bestellung auswählen, für die ein Wareneingang erfasst werden soll.

Nachdem es ja bereits eine Bestellung gibt, werden die Daten für den Wareneingang automatisch aus der Bestellung übernommen. Dabei sind Änderungen an Preis und Menge möglich. Leider ist es nicht möglich, individuell ein Datum für den Wareneingang zu erfassen. Hier wird grundsätzlich das Systemdatum übernommen. Das ist in der Praxis ein Problem, weil nicht in jeder Firma die Belege tagaktuell verarbeitet werden.

Wir gehen in unseren Beispielen davon aus, dass die Eingangsrechnungen in der Buchhaltung erfasst werden und erfassen deshalb unsere Bestelleingänge als Wareneingang und verzichten auf eine Weiterführung in eine Eingangsrechnung.

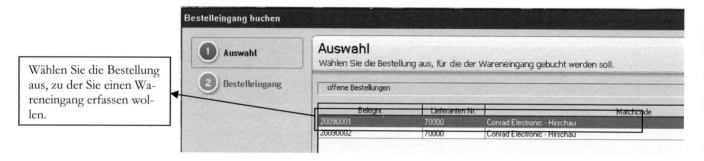

Wählen Sie die Bestellung aus, zu der Sie einen Wareneingang erfassen wollen.

BESTELLUNGEN BEARBEITEN. Sie können zu Ihrer Bestellung den Wareneingang erfassen.

Bitte prüfen Sie Preis und Menge, bevor Sie den Vorgang speichern. Eine nachträgliche Änderung des Beleges ist nicht möglich. Alternativ können Sie auch direkt eine Eingangsrechnung erzeugen. Hier haben Sie anschließend die Möglichkeit der automatischen Buchung.[38]

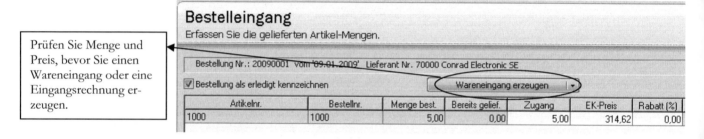

Prüfen Sie Menge und Preis, bevor Sie einen Wareneingang oder eine Eingangsrechnung erzeugen.

EINGANGSRECHNUNG ERZEUGEN. Sie können zu Ihrer Bestellung auch eine Eingangsrechnung erzeugen und diese anschließend automatisch buchen.

---

[38] Wenn Sie generell nur mit Eingangsrechnungen arbeiten wollen, sollten Sie unter **Firma bearbeiten →
Warenwirtschaft → Artikel** das Häkchen setzen bei Lagerbuchung bei Eingangsrechnung.

Musikladen GmbH,Rosenstr. 3,85238 Petershausen

Conrad Electronic SE
Klaus Conrad
Klaus-Conrad-Str. 1

92240 Hirschau
DE

Lief.-Nr.:	70000
KD.Nr. b. Lief.:	52673
Steuernr.:	
Datum:	24.02.2009

Wareneingang Nr. 20090001

Pos	Menge		Text	Einzelpreis EUR	Gesamtpreis EUR

1	5,00	Stck	TOSHIBA HD-EP10-K-TETM HD DVD PLAYER
			Wiedergabe von: DVD, DVD-R, DVD-RW
			          HD-DVD
			          CD, CD-R, CD-RW
			Farbe: Schwarz
			Abm.: (B x H x T) 430 x 65.5 x 345 mm
			Anschlüsse: 2 Kanal Audio (Analog)
			          Digital Audio (optisch)
			          Komponenten Video Ausgang
			          Composite Video Ausgang
			          S-Video Ausgang
			          HDMI
			          Ethernet Anschluss (RJ45)
			          2 x Erweiterungsanschlüsse
				314,62	1.573,10

	Gesamt Netto				1.573,10
	zzgl. 19,00 % USt. auf			1.573,10	298,89
	Gesamtbetrag				**1.871,99**

Lieferung frei Haus

WARENEINGANG. Sie können bei Bedarf auch einen eigenen Wareneingangsbeleg drucken.

Die Übersicht sieht jetzt folgendermaßen aus:

> Im Feld Status sehen Sie, dass für diese Bestellung bereits ein Wareneingang erfasst wurde.

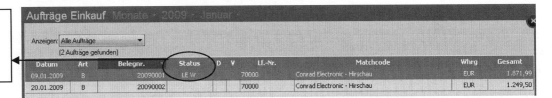

AUTRÄGE EINKAUF - STATUSÄNDERUNG. Mit dem Wareneingang wurde der Status der Bestellung entsprechend geändert.

Wenn Sie den Vorgang erneut aufrufen, kommt der Hinweis, dass diese Bestellung bereits erledigt ist und nur noch informativ angezeigt werden kann. Wählen Sie den Punkt Info und die erhalten die folgende Übersicht:

Im Kopfteil sehen Sie, wann welcher Beleg von welchem Benutzer erfasst wurde.

Unter Belegstatus sehen Sie jetzt die Bedeutung der einzelnen Buchstaben, die im Feld Status angezeigt werden.

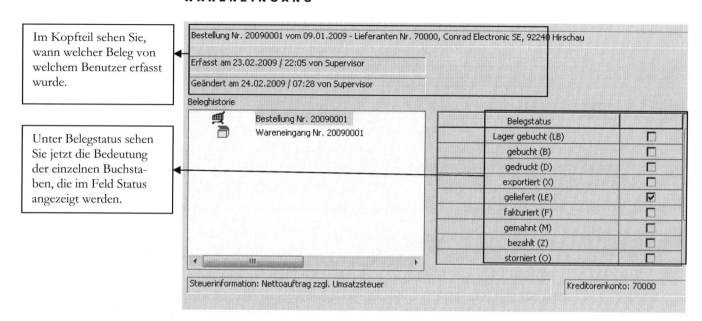

BESTELLUNG MIT WARENEINGANG - INFO. Unter Info finden Sie die gesamte Belegkette zu Ihrer ausgewählten Bestellung.

Das Problem dabei: die Wareneingänge werden vom System automatisch mit dem Systemdatum übernommen. Damit scheidet eine automatische Übergabe der Eingangsrechnungen in die Buchhaltung im Grunde aus, weil eine periodengerechte Erfassung der Belege zum Monatswechsel gar nicht möglich ist.

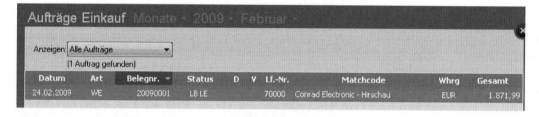

AUFTRÄGE EINKAUF. Wie Sie sehen, wurde der Wareneingang in unserem Beispiel mit Datum Februar erfasst, was für eine automatische Übergabe in den Buchhalter natürlich blanker Unsinn wäre[39].

Die Preise werden aus der Bestellung übernommen. Änderungen sind bei der Eingangsrechnung jederzeit möglich. Der MEK (Mittlerer Einkaufspreis) wird automatisch gepflegt, d.h. die Eingabe des Preises im Wareneingang oder in der Eingangsrechnung wirkt sich unmittelbar auf den MEK und damit auf die Ermittlung des Rohertrages in der Auftragsbearbeitung aus.

🗁 **Wichtig**

Um eine saubere Kalkulation zu ermöglichen, ist es unbedingt erforderlich, festzulegen, wie mit so genannten Beschaffungsnebenkosten (z.B. Fracht, Mindermengenzuschlag,..) zu verfahren ist. Dabei gibt es in der Praxis 2 gängige Ansätze: Entweder werden die Nebenkosten generell separat erfasst und man kalkuliert in der Auftragsbearbeitung mit einem prozentualen Aufschlag oder die Nebenkosten wer-

---

[39] An dieser Stelle sei auf die GoB (Grundsätze ordnungsgemäßer Buchführung) hingewiesen: Alle Belege sind periodengerecht zu erfassen. Eine automatische Übergabe in der Eingangsrechnungen in den buchhalter setzt in diesem Fall eine tagaktuelle Belegerfassung voraus und selbst dann haben Sie zum Monatswechsel noch immer ein Abgrenzungsproblem, sofern die Rechnung separat geschickt wird und nicht bei der Lieferung dabei ist.

den anteilig auf alle Positionen in der Eingangsrechnung verteilt. Im Zweiten Fall kann es zu deutlichen Schwankungen des MEK kommen.

Einkaufspreis

Im klassischen Ansatz wird der Einkaufspreis einer Ware als der Preis festgelegt, der aufgewendet werden muss, bis die Ware verkaufsbereit am Lager ist, also Einkaufspreis zuzüglich Fracht, Zoll und sonstiger Nebenkosten. Daraus ergibt sich für den Betrieb die Notwendigkeit, bei Bestellungen die Mengen so zu optimieren, dass die Nebenkosten pro Artikel möglichst gering ausfallen.

In der Praxis werden in den meisten Firmen nur die Ausgangsrechnungen automatisch übernommen und die Eingangsrechnungen komplett in der Finanzbuchhaltung erfasst.

Lernzielkontrolle

☺ **Testen Sie Ihr**

Wissen

1) Was ist der Unterschied zwischen Wareneingang und Eingangsrechnung?

2) Wann wird der Lagerbestand eines Artikels aktualisiert?

3) Wie viele Lieferungen und Rechnungen können Sie zu einer Bestellung erfassen?

Praktische Übungen

 Tastaturübungen

1) Erfassen Sie am 15.01.2009 einen Wareneingang zu unserer Bestellung 2009-0001, Lieferschein 854759 vom 12.01.2009 und Rechnung 988223 vom 12.01.2009. Die bestellte Ware wird vollständig geliefert.

2) Erfassen Sie am 23.01.2009 eine Teillieferung zu unserer Bestellung 2 bei Conrad Electronic: Mit Lieferschein 854881 vom 22.01.2009 erhalten wir vorab 60 DVD Die Simpsons. (Wählen Sie Wareneingang)

3) Erfassen Sie am 25.01.2009 die restliche Lieferung. (Wählen Sie Wareneingang).

Rücksendung und Lieferantengutschrift

Handelt es sich um eine Falschlieferung, oder ein Teil der Ware ist defekt oder beschädigt, haben Sie im Programm die Möglichkeit, eine Rücklieferung zu erfassen.

Bei der internen Prüfung der gelieferten DVD-Player hat sich herausgestellt, dass eines der Geräte offensichtlich ein defektes Netzteil hat. Aus diesem Grund erfassen wir eine Rücksendung zur Bestellung 2009-0001.

Die Bestellung kann nach Weiterführung in einen Wareneingang nicht mehr direkt bearbeitet oder weitergeführt werden. Aus diesem Grund erfassen wir die Rücksendung zum Wareneingang. Den Wareneingang finden Sie im Monat Februari[40], da es bei der Erfassung nicht möglich war, das Datum auf Januar zu ändern. Wählen Sie den Wareneingang und dann mit der rechten Maustaste die Auswahl weiterführen. Sie haben jetzt die Möglichkeit, den Wareneingang in eine Eingangsrechnung, Rücksendung oder Lieferantengutschrift weiterzuführen. Wählen Sie Rücksendung.

RÜCKSENDUNG_01. Wählen Sie als Auftragsart die Rücksendung.

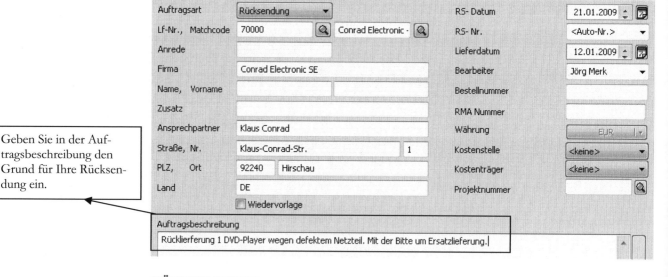

Geben Sie in der Auftragsbeschreibung den Grund für Ihre Rücksendung ein.

RÜCKSENDUNG. Bitte erfassen Sie die Rücksendung immer zum dazugehörigen Wareneingang, damit Sie später noch jeden Schritt zu der Bestellung nachvollziehen können.

Bitte geben Sie für die Information Ihres Lieferanten die zugehörige Bestellnummer ein und in der Auftragsbeschreibung einen kurzen Text mit dem Grund der Rücksendung, damit Ihr Lieferant die Rücksendung auch zügig bearbeiten kann. Außer-

---

[40] Den Wareneingang finden Sie in dem Monat, in dem er laut Systemdatum erfasst wurde, das kann bei Ihnen mit Ihrer Übungsfirma durchaus von unseren Daten abweichen.

dem sollten Sie dazuschreiben, ob Sie eine Gutschrift oder eine Ersatzlieferung wollen.

Falls erforderlich, tragen Sie bitte die RMA-Nummer[41] ein, die Sie von Ihrem Lieferanten bekommen haben.

Aus dem Wareneingang werden alle gelieferten Positionen übernommen. Bitte ändern Sie die Menge entsprechend ab. In unserem Beispiel auf 1 Stück.

Hier sehen Sie die Kopfdaten für die Rücksendung.

Bitte ändern Sie die Menge entsprechend ab, hier auf 1 Stück.

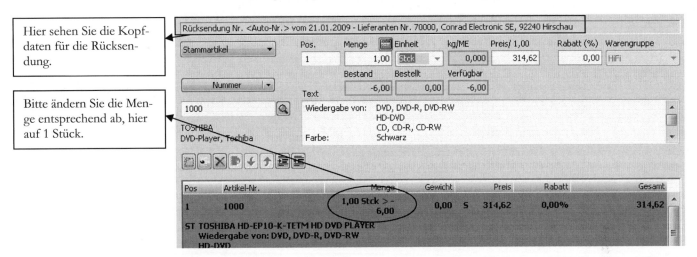

RÜCKSENDUNG - POSITIONSERFASSUNG. Ein kurzer Blick in den Artikelstamm zeigt uns den neuen Bestand.

Die Eingaben auf der letzten Seite können Sie übernehmen. Den Vorgang speichern, den Rücksendebeleg drucken, die Ware sicher verpacken und mit dem Beleg zurückschicken.

Für die Kontrolle Ihrer Eingaben hier der fertige Beleg:

---

[41] **RMA**-Nummer: **R**eturn **M**erchandize **A**uthorisation, eine vom Lieferanten vergebene Kennnummer für eine Warenrücksendung. Gerade in größeren Firmen werden nur noch Warenlieferungen mit RMA-Nummer angenommen, da sonst eine Zuordnung nicht mehr möglich ist.

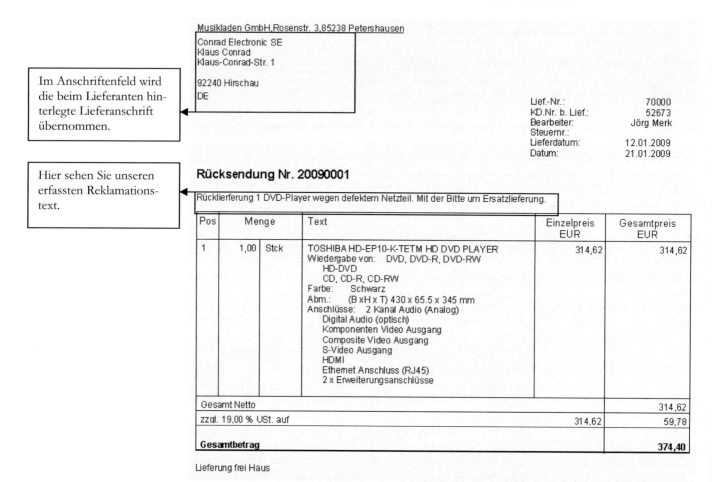

Im Anschriftenfeld wird die beim Lieferanten hinterlegte Lieferanschrift übernommen.

Hier sehen Sie unseren erfassten Reklamationstext.

Musikladen GmbH,Rosenstr. 3,85238 Petershausen

Conrad Electronic SE
Klaus Conrad
Klaus-Conrad-Str. 1

92240 Hirschau
DE

Lief.-Nr.:	70000
KD.Nr. b. Lief.:	52673
Bearbeiter:	Jörg Merk
Steuernr.:	
Lieferdatum:	12.01.2009
Datum:	21.01.2009

Rücksendung Nr. 20090001

Rücklieferung 1 DVD-Player wegen defektem Netzteil. Mit der Bitte um Ersatzlieferung.

Pos	Menge		Text	Einzelpreis EUR	Gesamtpreis EUR
1	1,00	Stck	TOSHIBA HD-EP10-K-TETM HD DVD PLAYER Wiedergabe von: DVD, DVD-R, DVD-RW HD-DVD CD, CD-R, CD-RW Farbe: Schwarz Abm.: (B xH x T) 430 x 65.5 x 345 mm Anschlüsse: 2 Kanal Audio (Analog) Digital Audio (optisch) Komponenten Video Ausgang Composite Video Ausgang S-Video Ausgang HDMI Ethernet Anschluss (RJ45) 2 x Erweiterungsanschlüsse	314,62	314,62
Gesamt Netto					314,62
zzgl. 19,00 % USt. auf				314,62	59,78
Gesamtbetrag					**374,40**

Lieferung frei Haus

RÜCKSENDEBELEG. Hier der Rücksendebeleg zur Kontrolle Ihrer Eingaben.

In der Übersicht der Einkaufsbelege sehen Sie jetzt auch mit RS gekennzeichnet den Rücksendebeleg.

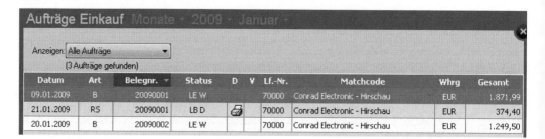

Aufträge Einkauf Monate · 2009 · Januar ·

Anzeigen: Alle Aufträge
(3 Aufträge gefunden)

Datum	Art	Belegnr.	Status	D	V	Lf.-Nr.	Matchcode	Whrg	Gesamt
09.01.2009	B	20090001	LE W			70000	Conrad Electronic - Hirschau	EUR	1.871,99
21.01.2009	RS	20090001	LB D	🖨		70000	Conrad Electronic - Hirschau	EUR	374,40
20.01.2009	B	20090002	LE W			70000	Conrad Electronic - Hirschau	EUR	1.249,50

AUFTRÄGE EINKAUF - ÜBERSICHT. In der Übersicht sehen Sie jetzt auch den Rücksendebeleg.

Von Ihrem Lieferanten erhalten Sie am 29.01.2009 statt der angeforderten Ersatzlieferung eine Gutschrift. Führen Sie den Rücklieferschein in eine Lieferantengutschrift weiter, um den Vorgang abzuschließen.

Für den zurückgeschickten DVD-Player müssen Sie jetzt wahlweise eine eigene Bestellung erfassen, oder Ihre nächste Bestellung einfach um 1 Stück erhöhen.

Wählen Sie die Lieferantengutschrift.

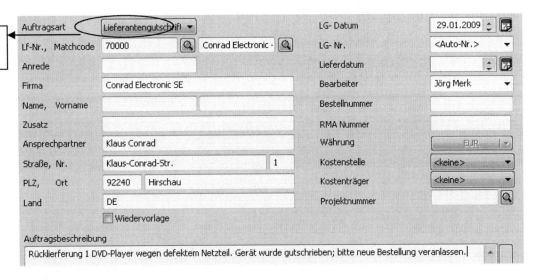

LIEFERANTENGUTSCHRIFT. Eine Lieferantengutschrift übernimmt die Daten aus dem Rücksendebeleg. Mit der Lieferantengutschrift ist die Kette der Vorgänge am Ende angelangt und der Bestellvorgang abgeschlossen.

In der Positionserfassung können Sie die Werte übernehmen.

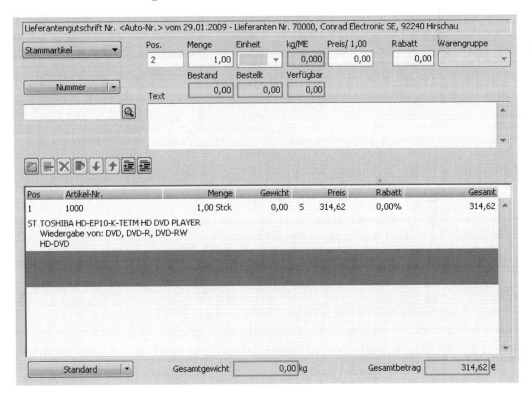

LIEFERANTENGUTSCHRIFT - POSITIONSERFASSUNG. Bitte prüfen Sie den Preis, bevor Sie die Daten übernehmen und die Lieferantengutschrift speichern.

Wenn Sie jetzt die Lieferantengutschrift oder die zugehörige Bestellung erneut aufrufen und die Schaltfläche **Info** anklicken, sehen Sie jetzt die einzelnen erzeugten Belege zu dieser Bestellung, inkl. Belegnummer und Bearbeiter.

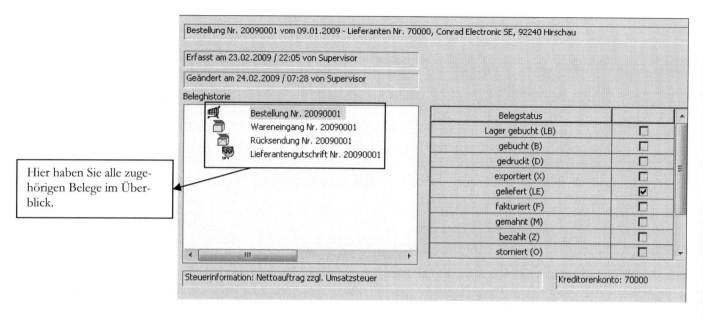

Hier haben Sie alle zugehörigen Belege im Überblick.

BESTELLUNG - BELEGHISTORIE. Die Beleghistorie hilft Ihnen, einzelne Belege zum Vorgang zu finden.

Lernzielkontrolle

☺ **Testen Sie Ihr**

Wissen

1) Was ist der Unterschied zwischen Rücksendung und Lieferantengutschrift?

2) Was ist eine RMA-Nummer und wer vergibt Sie?

3) Wie können Sie zu einer Bestellung eine Rücksendung und eine Lieferantengutschrift erfassen? Erläutern Sie die Vorgehensweise Schritt für Schritt mit eigenen Worten.

4) Wo sehen Sie in der Bestellung die Beleghistorie? Welche Informationen werden angezeigt?

Praktische Übungen

⌨ **Tastaturübungen**

1) Erfassen Sie am 25.01.2009 eine Rücksendung zum Wareneingang 2009-0001. Ein DVD-Player ist defekt und wird zurückgeschickt.

2) Erfassen Sie am 29.01.2009 eine Lieferantengutschrift zu unserer Rücksendung.

3) Prüfen Sie die Belegfolge der Bestellung 2009-0001 in der Historie.

Auswertungen

Hier erhalten Sie einen Überblick über die vielfältigen
Listen und Auswertungen in der Warenwirtschaft.

Neben dem Rechnungsausgangsbuch gibt es eine ganze Reihe von Auswertungen in der Auftragsbearbeitung, die dem Verkauf im täglichen Geschäft eine wertvolle Hilfe sind. Wir wollen der besseren Übersicht halber die Auswertungen und Statistiken in folgende Bereiche aufteilen:

Umsatzinformationen aus den Stammdaten: Laufend aktualisierte Informationen im Kunden-, Artikel- und Lieferantenstamm.

Listen und Auswertungen (Berichtszentrale): Angefangen bei den Aufträgen, über Umsatz- und Hitlisten bis hin zur Preis- und Bestandslisten.

Das Business Cockpit: Hier finden Sie einen Gesamtüberblick über die Firma mit wichtigen Kennzahlen aus der Warenwirtschaft und der Buchhaltung.

Die Statistik: Hier sehen Sie jeweils Umsatz, Menge und Rohertrag für den ausgewählten Bereich, jeweils als Tabelle oder Graphik.

Rechnungsausgangs- und Rechnungseingangsbuch

Ein zentrales Element zur Abstimmung Ihrer Zahlen mit der Buchhaltung ist das Rechungsausgangsbuch. Dabei spielt es keine Rolle, ob Sie die Buchhaltung selbst im Buchhalter machen, oder die Buchhaltung beim Steuerberater ausgelagert ist.

Unter **Warenwirtschaft → Berichte → Journale → Rechnungsausgangsbuch** haben Sie alle Ausgangsrechnungen, Stornos und Gutschriften nach Monaten zusammengefasst. Mit dieser Auswertung können Sie prüfen, ob auch alle Belege in der Buchhaltung erfasst wurden.

📖 **Praxistipp**

Es bietet sich an, diese Abstimmung monatlich durchzuführen, bevor Sie Ihre Umsatzsteuervoranmeldung machen. Auf diese Weise können Sie bei Bedarf zeitnah Korrekturen vornehmen, ohne später auch noch die Umsatzsteuer korrigieren zu müssen.

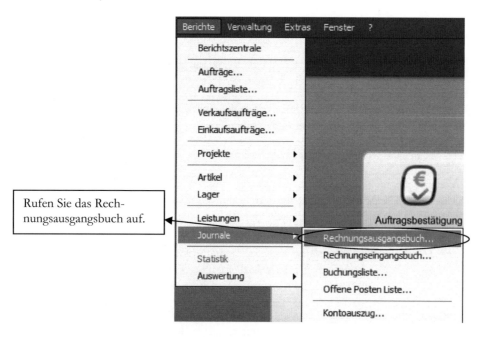

Rufen Sie das Rechnungsausgangsbuch auf.

JOURNALE. Starten Sie hier die gewünschte Auswertung, in unserem Beispiel das Rechnungsausgangsbuch.

Sie können das Rechnungsausgangsbuch wahlweise monatlich, vierteljährlich oder mit Jahreswerten drucken.[42] Die Abstimmung mit der Buchhaltung erfolgt in aller Regel monatlich.

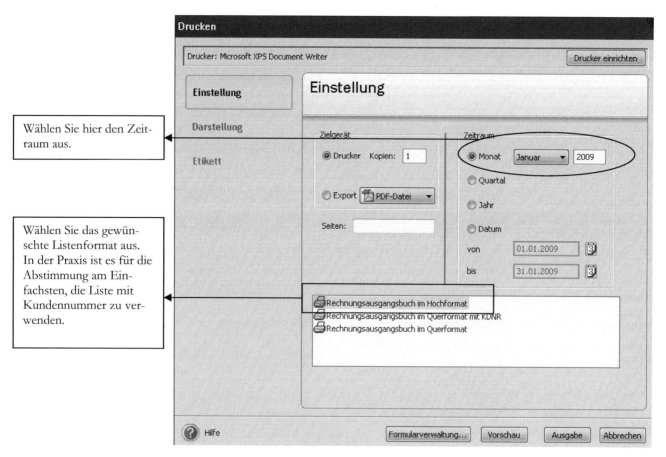

Wählen Sie hier den Zeitraum aus.

Wählen Sie das gewünschte Listenformat aus. In der Praxis ist es für die Abstimmung am Einfachsten, die Liste mit Kundennummer zu verwenden.

RECHNUNGSAUSGANGSBUCH. Wählen Sie hier den Zeitraum und die Listenvariante aus.

---

[42] Optional können Sie auch einen Zeitraum nach Tagesdatum auswählen, von....bis.

Wir haben für die einfachere Darstellung das Rechnungsausgangsbuch im Hochformat gewählt. In der Praxis können Sie mit der Variante mit 2, quer mit Kundennummer, besser abstimmen.

Musikladen GmbH, Rosenstr. 3, 85238 Petershausen

Rechnungsausgangsbuch Januar 2009

In der Kopfzeile wird gleich der ausgewählte Zeitraum angedruckt.

Beleg Nr. Datum	Matchcode Kunde	EURO		
		Netto	USt.	Brutto
SR 20090001 19.01.2009	Cinema - München Cinema Filmtheater München Mymphenburger Str. 31 80335 München	690,00	131,10	821,10
RG 20090001 20.01.2009	Deutsches Theater - München Deutsches Theater Schwanthaler Str. 13 80336 München	408,28	77,57	485,85
RG 20090002 20.01.2009	Deutsches Theater - München Deutsches Theater Schwanthaler Str. 13 80336 München	3.751,16	712,72	4.463,88
RG 20090003 22.01.2009	Cinema - München Cinema Filmtheater München Mymphenburger Str. 31 80335 München	403,28	76,62	479,90
ST 20090001 25.01.2009	Cinema - München Cinema Filmtheater München Mymphenburger Str. 31 80335 München	-403,28	-76,62	-479,90
GS 20090001 25.01.2009	Deutsches Theater - München Deutsches Theater Schwanthaler Str. 13 80336 München	- 15,00	- 2,85	- 17,85
Summe		4.834,44	918,54	5.752,98

Die Positionen sind immer belegweise zusammengefasst. Dabei sehen Sie über der Belegnummer die Belegart.

RECHNUNGSAUSGANGSBUCH. Mit allen Belegen vom Januar.

Die einzelnen Belege werden chronologisch aufgeführt. An Hand des Belegkürzels sehen Sie, um welchen Beleg es sich handelt (**RG** = **R**echnung, **SR** = **S**ammelrechnung, **ST** = **St**orno, **GS** = **G**utschrift).

Analog dazu funktioniert das Rechnungseingangsbuch. Allerdings haben Sie hier im Gegensatz zum Rechnungsausgangsbuch häufig nicht alle Beleg erfasst. Insbesondere Rechnungen über Eingangsfrachten, Zölle oder sonstige Nebenkosten beim Wareneingang werden in aller Regel nicht über das Bestellwesen erfasst, sondern direkt in der Finanzbuchhaltung.

Umsatzinformationen aus den Stammdaten

Sobald Sie einen Kunden, Lieferanten oder Artikel nach der Erstanlage erneut aufrufen, haben Sie die Möglichkeit, eine zusätzliche Schaltfläche für den Umsatz auszuwählen und sich den Umsatz eines Jahres monatlich oder quartalsweise anzeigen zu lassen. Wir zeigen die Möglichkeiten einmal am Beispiel eines Kunden und eines Artikels.

Der Reiter Umsatz ist erst nach der erstmaligen Speicherung des Kunden aktiv.

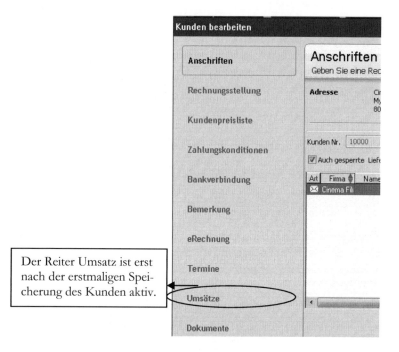

KUNDENSTAMM. Im Bereich Umsätze sehen Sie jetzt alle Verkäufe des ausgewählten Kunden.

Hier sehen Sie den ausgewählten Kunden.

Optional können Sie in der Ansicht wählen zwischen Netto und Brutto (inkl. MwSt.).

Wählen Sie aus, für welches Jahr die Umsätze angezeigt werden sollen.

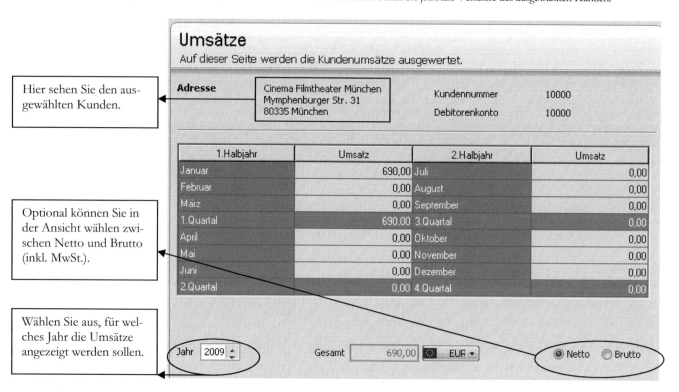

KUNDENSTAMM - UMSÄTZE. Wählen Sie hier den Zeitraum (das Jahr) und, ob Sie die Umsätze Brutto oder Netto sehen wollen.

Während Sie im Kundenstamm nur die Zahlen sehen, haben Sie im Artikelstamm zusätzlich die Möglichkeit, sich die Umsätze auch graphisch darstellen zu lassen.

Dazu gibt es im Artikelstamm 2 Schaltflächen: Umsätze und Grafik. Wir fangen mit dem Umsatz an.

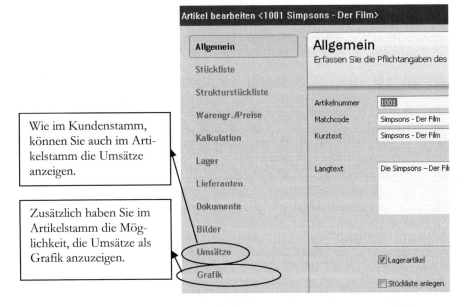

Wie im Kundenstamm, können Sie auch im Artikelstamm die Umsätze anzeigen.

Zusätzlich haben Sie im Artikelstamm die Möglichkeit, die Umsätze als Grafik anzuzeigen.

ARTIKELSTAMM. Wählen Sie hier zwischen Umsatz (in Zahlen) und einer graphischen Darstellung.

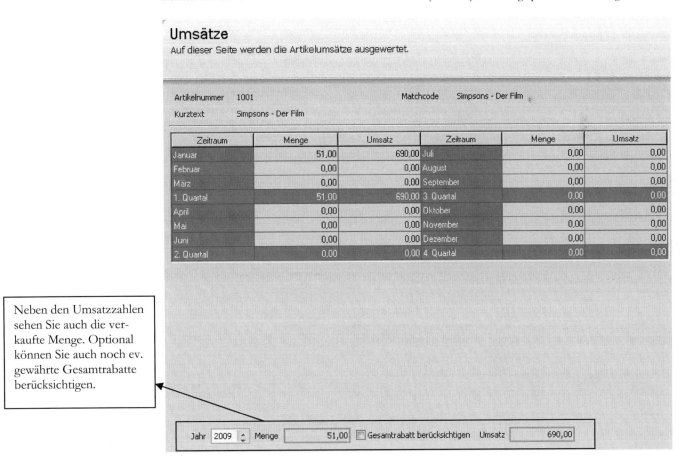

Neben den Umsatzzahlen sehen Sie auch die verkaufte Menge. Optional können Sie auch noch ev. gewährte Gesamtrabatte berücksichtigen.

ARTIKELSTAMM. Umsatz im ausgewählten Zeitraum mit Betrag und Menge.

Oder das Ganze als Grafik.

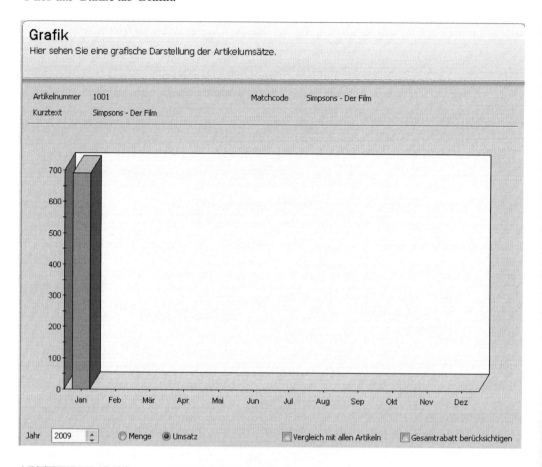

ARTIKELUMSATZ – GRAPHISCHE DARSTELLUNG. Wählen Sie auch hier wieder das gewünschte Jahr aus. Zusätzlich können Sie bei der Darstellung zwischen Umsatz und Menge wählen.

Als weitere Option können Sie sich die Zahlen eines Artikels auch im Vergleich zu allen Artikeln anzeigen lassen, um zu sehen, wie hoch der Anteil dieses Artikels am Gesamtumsatz ist.

Listen und Auswertungen

Zusätzlich zu den Informationen in den Stammdaten, gibt es im Programm eine ganze Reihe von Auswertungen und Statistiken. Für einen besseren Überblick wurden die wichtigsten Auswertungen in der Berichtszentrale zusammengefasst unter **Warenwirtschaft → Berichte → Berichtszentrale** in der Kopfzeile oder **Warenwirtschaft →Berichtszentrale** links in der Menüleiste.

Alle Auswertungen, die Sie hier finden, können Sie auch einzeln über das Menü aufrufen. Wir wollen uns an dieser Stelle nur einige besonders interessante Auswertungen herauspicken, um exemplarisch zu zeigen, welche Möglichkeiten Sie in diesem Bereich haben. Dabei ist die Vorgehensweise im Grunde immer gleich: Sie rufen eine Auswertung auf, wählen aus, welche Daten/Zeiträume Sie auswerten wollen und legen anschließend das gewünschte Format fest. Dabei haben Sie bei den meisten Auswertungen die Wahl zwischen Druck oder Weitergabe der Daten an MS-Excel oder MS-Word, um dort individuelle Auswertungen zu erstellen.

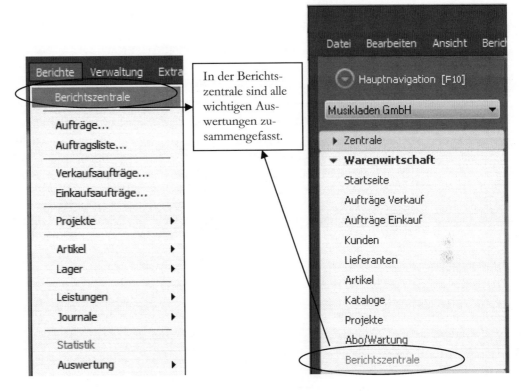

AUFRUF BERICHTSZENTRALE. Hier starten Sie die Berichtszentrale.

In der Berichtszentrale finden Sie links die verfügbaren Auswertungen, übersichtlich nach Themen zusammengefasst. Auf der rechten Seite sehen Sie die verfügbaren Listenvarianten/Berichtsvorlagen für den ausgewählten Bereich.

Wählen Sie den gewünschten Bericht aus und anschließend klicken Sie rechts neben der Berichtsauswahl auf Drucken/Druckvorschau.

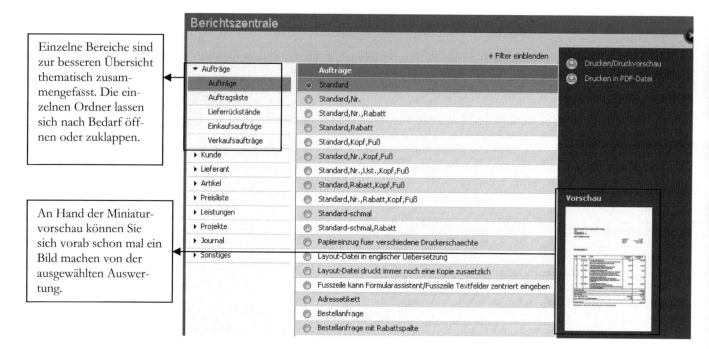

Einzelne Bereiche sind zur besseren Übersicht thematisch zusammengefasst. Die einzelnen Ordner lassen sich nach Bedarf öffnen oder zuklappen.

An Hand der Miniaturvorschau können Sie sich vorab schon mal ein Bild machen von der ausgewählten Auswertung.

BERICHTSZENTRALE - ÜBERSICHT. Wählen Sie den gewünschten Bericht aus.

In der folgenden Maske können Sie eine Fülle von Optionen für den ausgewählten Bericht eingeben. Angefangen vom Zeitraum über die Auftragsarten, die im Bericht berücksichtigt werden sollen, bis hin zu Filtermöglichkeiten nach Bearbeiter oder Kunden-/Lieferantenkurzbezeichnung stehen Ihnen jetzt in den einzelnen Berichten unterschiedlichste Optionen zur Verfügung, um die Daten für den ausgewählten Bericht nach Ihren Wünschen zu filtern/einzuschränken. In unserem Beispiel wählen wir die Auftragsliste für das 1. Quartal mit allen Vorgängen.

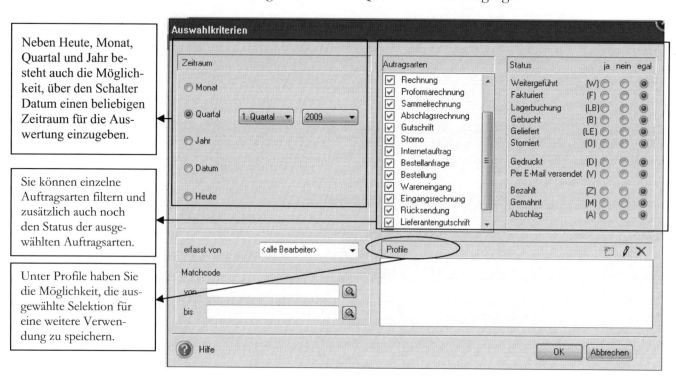

Neben Heute, Monat, Quartal und Jahr besteht auch die Möglichkeit, über den Schalter Datum einen beliebigen Zeitraum für die Auswertung einzugeben.

Sie können einzelne Auftragsarten filtern und zusätzlich auch noch den Status der ausgewählten Auftragsarten.

Unter Profile haben Sie die Möglichkeit, die ausgewählte Selektion für eine weitere Verwendung zu speichern.

AUFTRAGSLISTE - AUSWAHLKRITERIEN. Legen Sie Ihre Optionen für den Druck fest. Optional können Sie die gewählten Einstellungen als Profil speichern.

Mit Bestätigung der Maske gelangen Sie in die Druckeinstellungen. Hier können Sie neben der Auswahl des Ausgabegerätes einstellen, welche Informationen gedruckt werden sollen. Außerdem haben Sie auch hier wieder Zugriff auf unterschiedlich gestaltete Druckvorlagen.

Gerade wenn Sie die Auswertungen noch nicht kennen, empfiehlt es sich, mit der Druckvorschau zu arbeiten, um nicht unnötig Papier zu bedrucken, wenn es dann doch nicht die gewünschte Auswertung ist.

Die Vorgehensweise für den Druck einzelner Berichte ist im Grunde immer die Gleiche: Sie wählen den gewünschten Bericht, setzen im Filter bei Bedarf eine bestimmte Auswahl und entscheiden beim Druck, mit welchem Formular und auf welchem Ausgabegerät die Auswertung gedruckt werden soll. Optional können Sie statt zu drucken, die Daten auch exportieren.

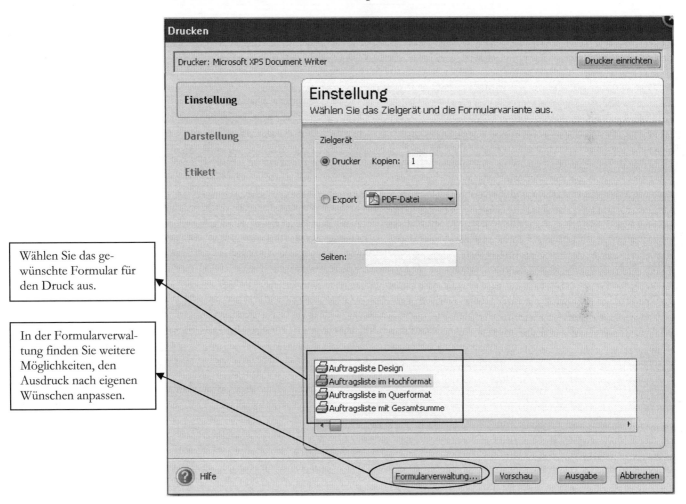

Wählen Sie das gewünschte Formular für den Druck aus.

In der Formularverwaltung finden Sie weitere Möglichkeiten, den Ausdruck nach eigenen Wünschen anpassen.

AUFTRAGSLISTE - DRUCKEINSTELLUNG. Hier legen Sie fest, welche Druckvorlage benutzt wird.

Die Möglichkeiten der Formularverwaltung werden wir später unter Tipps und Tricks noch ein wenig erläutern. Und so sieht die Auswertung aus:

Musikladen GmbH, Rosenstr. 3, 85238 Petershausen

Aufträge
vom 01.01.2009 bis 31.03.2009

Datum	Auftr. Nr.	Kd. / Lief.-Nr.	Netto HL	Rabatt	Netto HL	USt.	Gesamt
03.01.2009	AG 20090001	10001	408,28	0,00	0,00	77,57	485,85 EUR
07.01.2009	AG 20090002	10000	690,00	0,00	0,00	131,10	821,10 EUR
09.01.2009	B 20090001	70000	1.573,10	0,00	0,00	298,89	1.871,99 EUR
10.01.2009	AB 20090001	10000	690,00	0,00	0,00	131,10	821,10 EUR
14.01.2009	AB 20090002	10001	408,28	0,00	0,00	77,57	485,85 EUR
15.01.2009	LS 20090001	10000	352,50	0,00	0,00	66,98	419,48 EUR
16.01.2009	AB 20090003	10001	3.751,16	0,00	0,00	712,72	4.463,88 EUR
17.01.2009	LS 20090002	10000	337,50	0,00	0,00	64,13	401,63 EUR
19.01.2009	LS 20090003	10001	408,28	0,00	0,00	77,57	485,85 EUR
19.01.2009	SR 20090001	10000	690,00	0,00	0,00	131,10	821,10 EUR
20.01.2009	RG 20090001	10001	408,28	0,00	0,00	77,57	485,85 EUR
20.01.2009	RG 20090002	10001	3.751,16	0,00	0,00	712,72	4.463,88 EUR
20.01.2009	B 20090002	70000	1.050,00	0,00	0,00	199,50	1.249,50 EUR
21.01.2009	RS 20090001	70000	314,62	0,00	0,00	59,78	374,40 EUR
22.01.2009	RG 20090003	10000	403,28	0,00	0,00	76,62	479,90 EUR
25.01.2009	ST 20090001	10000	-403,28	0,00	0,00	-76,62	-479,90 EUR
25.01.2009	GS 20090001	10001	-15,00	0,00	0,00	-2,85	-17,85 EUR
29.01.2009	LG 20090001	70000	314,62	0,00	0,00	59,78	374,40 EUR
24.02.2009	WE 20090003	70000	420,00	0,00	0,00	79,80	499,80 EUR
24.02.2009	WE 20090001	70000	1.573,10	0,00	0,00	298,89	1.871,99 EUR
24.02.2009	WE 20090002	70000	630,00	0,00	0,00	119,70	749,70 EUR

AUFTRÄGE. Bei dieser Auswahl werden alle Vorgänge des ausgewählten Zeitraums gedruckt (1:1).

Das Business Cockpit

Im Gegensatz zu den Auswertungen in der Berichtszentrale ist das Business Cockpit programmübergreifend und liefert sowohl Informationen aus der Warenwirtschaft, als auch aus der Finanz- und Anlagenbuchhaltung (soweit vorhanden). Der Hauptgedanke beim Business Cockpit ist es, dem Unternehmer auf einer Seite in komprimierter Form einen Überblick über den aktuellen Stand seiner Firma zu geben. So sehen Sie auf der Startseite erst einmal den Umsatz des aktuellen Jahres, monatlich, gegenübergestellt den Zahlen aus dem Vorjahr und den Stand der Forderungen und Verbindlichkeiten.

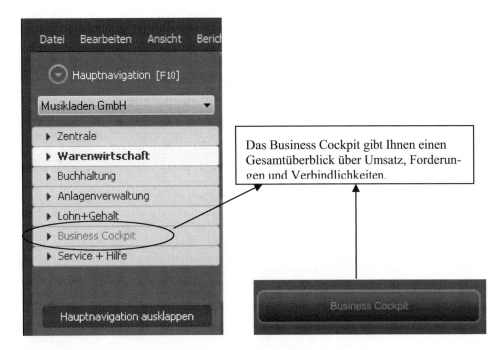

Das Business Cockpit gibt Ihnen einen Gesamtüberblick über Umsatz, Forderungen und Verbindlichkeiten.

BUSINESS COCKPIT. Starten Sie das Business Cockpit mit einem Doppelklick auf die linke Maustaste.

BUSINESS COCKPIT. Gesamtumsatz und Top Ten.

In der Legende sehen Sie, welche Farben für welches Jahr verwendet werden.

Die offenen Forderungen werden bis zum aktuellen Datum angezeigt, d.h. es handelt sich immer um eine Momentaufnahme, die sich mit jeder Rechnung oder Zahlung wieder ändert.

Über Details können Sie weitere Auswertungen aufrufen.

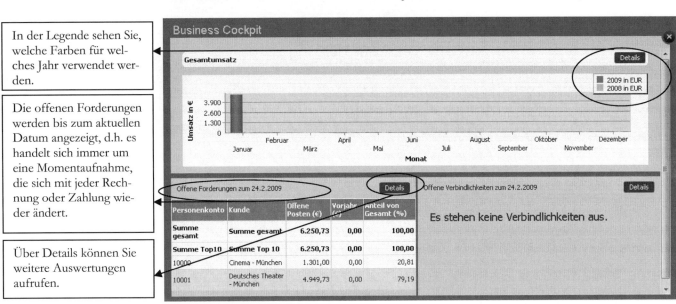

BUSINESS COCKPIT - STARTSEITE. Beim Programmstart landen Sie automatisch auf der Startseite mit der Übersicht Umsatz, Offene Forderungen und offene Verbindlichkeiten.

Neben dem Überblick auf der Startseite haben Sie auch die Möglichkeit, über die Details einzelne Auswertungen auszuwählen.

Auf der Detailseite finden einige interessante Auswertungen, nach Bereichen gegliedert. Da wir für unser Schulungshandbuch mit dem Financial Office Pro arbeiten, sehen Sie auch Auswertungen aus den Bereichen Buchhaltung und Anlagenverwaltung.

Uns interessiert an dieser Stelle in erster Linie der Bereich Warenwirtschaft. Allerdings ist die Vorgehensweise für den Druck einzelner Auswertungen im Grunde für alle Bereiche gleich.

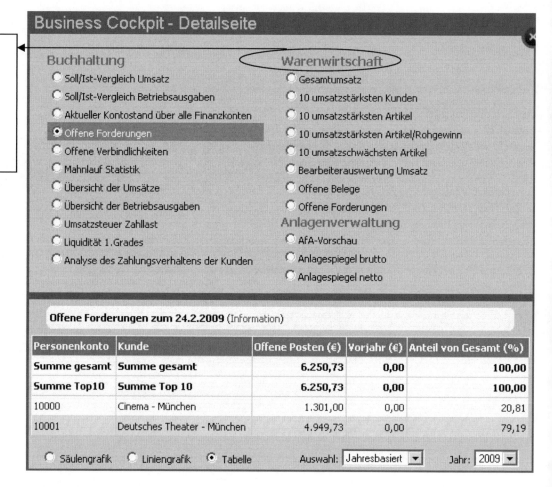

BUSINESS COCKPIT - DETAILSEITE. Hier finden Sie, nach Bereichen getrennt, die wichtigsten Auswertungen zur Geschäftsbeurteilung.

Bei den hier aufgeführten Auswertungen geht es darum, schnell und komprimiert, in der Regel auf einer Seite, einen Überblick zu bekommen.

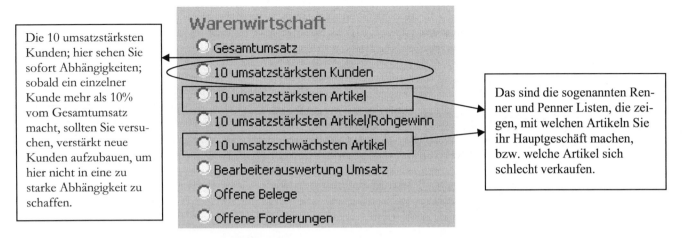

Die 10 umsatzstärksten Kunden; hier sehen Sie sofort Abhängigkeiten; sobald ein einzelner Kunde mehr als 10% vom Gesamtumsatz macht, sollten Sie versuchen, verstärkt neue Kunden aufzubauen, um hier nicht in eine zu starke Abhängigkeit zu schaffen.

Das sind die sogenannten Renner und Penner Listen, die zeigen, mit welchen Artikeln Sie ihr Hauptgeschäft machen, bzw. welche Artikel sich schlecht verkaufen.

WARENWIRTSCHAFT. Hier die Auswertungen für den Bereich Warenwirtschaft im Detail.

Für die Möglichkeiten im Detail wählen wir an dieser Stelle die Auswertung mit den 10 Umsatzstärksten Artikeln. Die Zahlen beziehen sich dabei immer auf Jahreswerte, aktuelles Jahr und Vorjahr und die Abweichung in Prozent.

Neben dem reinen Umsatz als Betrag, können Sie sich alternativ auch die Menge oder den Rohgewinn anzeigen lassen.

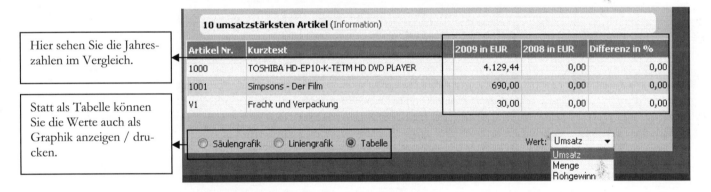

Hier sehen Sie die Jahreszahlen im Vergleich.

Statt als Tabelle können Sie die Werte auch als Graphik anzeigen / drucken.

DIE 10 UMSATZSTÄRKSTEN ARTIKEL MIT ROHGEWINN. Hier die Auswertung als Tabelle, wahlweise mit Umsatz, Menge oder Rohertrag.

Bei der Auswahl als Graphik kann es sein, dass am Bildschirm nichts angezeigt wird. In diesem Fall hilft nur der Ausdruck, dann können Sie das Ergebnis wahlweise am Bildschirm anzeigen, drucken oder gleich per Mail weiterleiten.

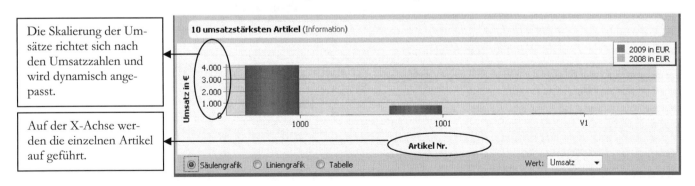

Die Skalierung der Umsätze richtet sich nach den Umsatzzahlen und wird dynamisch angepasst.

Auf der X-Achse werden die einzelnen Artikel auf geführt.

DIE 10 UMSATZSTÄRKSTEN ARTIKEL MIT ROHGEWINN. Hier die Auswertung als Graphik, mit Umsatz und Rohertrag je Artikel.

☞ **Wichtig**

Die Betrachtung der Artikelumsätze macht in der Praxis nur wirklich Sinn in Verbindung mit dem Rohertrag. Denn was nützt mir ein hoher Umsatz, wenn ich an diesen Artikeln nichts mehr verdiene. So kann es durchaus sein, dass Sie mit einem Artikel, der zwar vom Umsatz her im Mittelfeld rangiert, in Summe einen höheren Deckungsbeitrag erzielen, als mit einem Ihrer Top Ten Artikel.

Alternativ zum Druck haben Sie auch die Möglichkeit, die Daten nach MS-Excel zu exportieren und dort gleich weiterzuverarbeiten. Dabei haben Sie die Möglichkeit, in Excel auch noch zusätzliche Informationen aus anderen Programmen oder Tabellen mit einzubinden oder manuell zu ergänzen. Wenn Sie sich in Excel ein wenig auskennen, können Sie hier sehr interessante Auswertungen erstellen.

Die Statistik

Das letzte Thema im Bereich der Auswertungen ist der Statistik gewidmet. In diesem Bereich können Sie sich aus allen Perspektiven den Umsatz, die Mengen und den Rohertrag als Tabelle oder Graphik anzeigen lassen. Dazu wählen Sie: **Warenwirtschaft → Extras → Statistik**.

Hier können Sie die Artikelumsätze nach Menge, Rohgewinn oder Betrag darstellen.

Neben den Auswertungen finden Sie eine kurze Beschreibung zu den einzelnen Auswertungsbereichen.

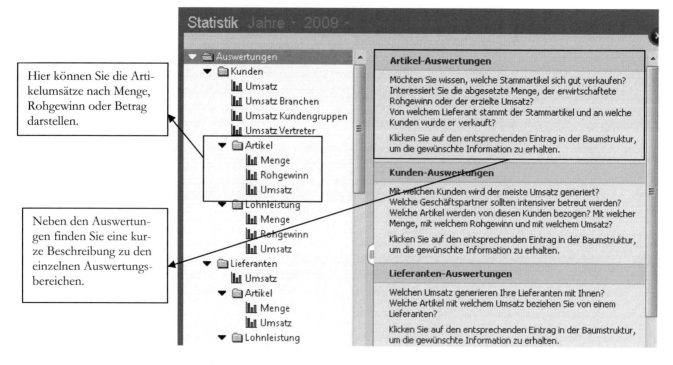

STATISTIK. In der Statistik können Sie die Umsätze für die unterschiedlichsten Fragestellungen darstellen.

Im Standard werden maximal 40 Einträge angezeigt, eine individuelle Änderung dieser Einstellung ist jederzeit möglich. So können Sie die Grenze weiter runter setzen oder optional auch alle Artikel anzeigen lassen. In unserem Beispiel machen sich Änderungen kaum bemerkbar, da wir nur 3 Artikel bewegt haben.

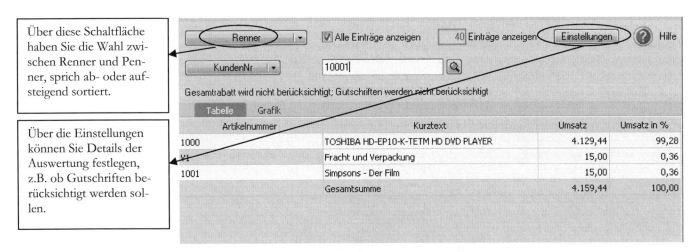

Über diese Schaltfläche haben Sie die Wahl zwischen Renner und Penner, sprich ab- oder aufsteigend sortiert.

Über die Einstellungen können Sie Details der Auswertung festlegen, z.B. ob Gutschriften berücksichtigt werden sollen.

ARTIKELSTATISTIK NACH UMSATZ. Bei dieser Auswertung sehen Sie den Umsatz der einzelnen Artikel, sowie deren prozentualen Anteil am Gesamtumsatz.

Auf die Einstellungen wollen wir an dieser Stelle näher eingehen, da sich hier unter Umständen recht deutliche Veränderungen bei den Auswertungen ergeben.

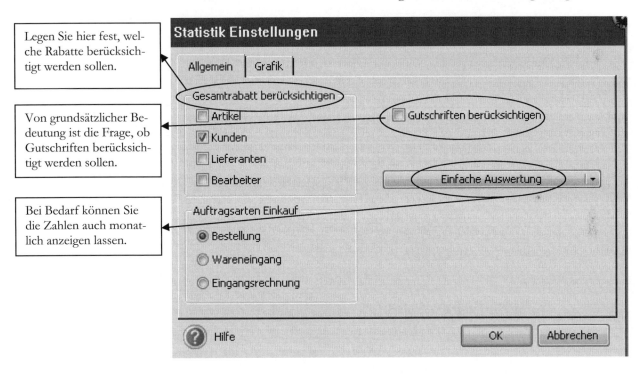

Legen Sie hier fest, welche Rabatte berücksichtigt werden sollen.

Von grundsätzlicher Bedeutung ist die Frage, ob Gutschriften berücksichtigt werden sollen.

Bei Bedarf können Sie die Zahlen auch monatlich anzeigen lassen.

STATISTIK - EINSTELLUNGEN. In den Einstellungen legen Sie fest, ob Gutschriften und Rabatte in den Auswertungen berücksichtigt werden sollen.

Unter Berücksichtigung von Gutschriften und Rabatten ergeben sich den Auswertungen, insbesondere beim Rohertrag oft deutliche Veränderungen. Interessant ist auch die Gegenüberstellung der Auswertungen mit und ohne Rabatt. So sieht man auf diesem Wege sehr schnell: Wie viel Marge verliere ich denn durch die Gewährung von Rabatten.

Oft sind die Konditionen historisch gewachsen und sollten in regelmäßigen Abständen (z.B. 1x im Jahr) auf den Prüfstand.

📖 **Praxistipp**

Jetzt haben Sie noch die Möglichkeit, jede Statistik auch als Graphik anzuzeigen oder zu drucken. Das ist oft hilfreich, um Entwicklungen schneller zu erkennen. So sieht man gerade bei Graphiken mit monatlichen Werten sehr schön saisonale Schwankungen und den Jahrestrend: geht es nach oben, oder nach unten.

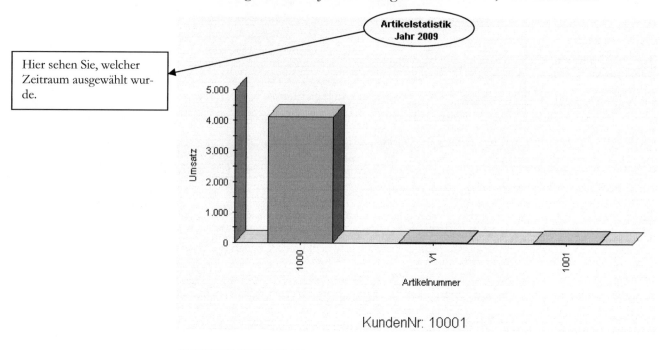

Hier sehen Sie, welcher Zeitraum ausgewählt wurde.

KundenNr: 10001

ARTIKELSTATISTIK. Hier sehen Sie die Artikelumsätze als Säulen nebeneinander. Das erleichtert für viele den schnellen Überblick.

Lernzielkontrolle

☺ **Testen Sie Ihr Wissen**

1) Welche Umsatzinformationen finden Sie in den Stammdaten?

2) Erläutern Sie mit eigenen Worten den Unterschied zwischen der Berichtszentrale und dem Business Cockpit.

3) Welche Ausgabemöglichkeiten haben Sie für einen Bericht?

4) Welche Informationen finden Sie auf der Startseite des Business Cockpits?

5) Welche Darstellungsmöglichkeiten bietet Ihnen die Statistik?

Praktische Übungen

⌨ **Tastaturübungen**

1) Drucken Sie ein Rechnungsausgangsbuch für den Januar. Stimmen Sie mit Ihren Belegen ab.

2) Exportieren Sie aus dem Business Cockpit die Liste mit den 10 umsatzstärksten Artikeln nach MS-Excel.

3) Drucken Sie in der Berichtszentrale eine Auftragsliste.

4) Zeigen Sie am Bildschirm in der Statistik den Artikelumsatz je Kunde an für den Artikel Fracht und Verpackung.

Preise und Rabatte

Die Möglichkeiten der Preisgestaltung im Überblick.

Neben den 3 Verkaufspreislisten im Artikelstamm gibt es eine Reihe von Möglichkeiten, die Preise mengenabhängig oder individuell zu gestalten. Dabei behalten Sie bitte immer im Hinterkopf: welcher Aufwand entsteht im Falle einer Preiserhöhung. Aus dieser Überlegung heraus sollten Sie neben den regulären Preislisten 1-3 möglichst wenige Ausnahmen machen.

Im Einzelnen haben Sie folgende Möglichkeiten:

- **Mengenabhängige Staffelpreise:** Bei dieser Variante können Sie im Artikelstamm festlegen, bei welcher Abnahmemenge welcher Preis gültig ist. So eine Mengenstaffel finden Sie in jedem Kopierladen, wo Sie ab der 5. Kopie einen anderen Preis pro Kopie haben und dann wieder ab der 10. und ..... In diesem Fall ist der Preis also nicht vom Kunden, sondern ausschließlich von der abgenommenen Menge abhängig.

- **Individuelle Kundenpreise (Sonderpreise):** Im Kundenstamm können Sie unter Kundenpreisliste individuelle Sonderpreise je Kunde pflegen.

- **Rabatt im Kundenstamm:** Sie können im Kundenstamm auch einen generellen Rabatt eintragen, der dann für alle rabattfähigen Artikel gilt. Diese Variante ist in erster Linie sinnvoll, wenn Sie an Wiederverkäufer verkaufen, die z.B. 25% Rabatt bekommen.

- **Kalkulierte Preise:** Sie haben auch die Möglichkeit, Ihre Verkaufspreise auf Basis der Einkaufspreise zu kalkulieren. Das bietet den Vorteil, dass bei einer Änderung der Einkaufpreise Ihre Verkaufspreise automatisch mit geändert werden.

- **Aktionspreise:** Sie haben die Möglichkeit, im Rahmen von Aktionspreisen für einen beliebigen Zeitraum einen besonderen Preis festzulegen, der nur bei Rechnungsstellung in diesem Zeitraum gezogen wird (z.B. für eine Messe oder im Schlussverkauf). Nach Ablauf der Frist gilt wieder die reguläre Preisliste.

Wir wollen die ersten 3 Möglichkeiten einmal an Hand eines Beispiels verdeutlichen.

Staffelpreise

Voraussetzung für die Arbeit mit Staffelpreisen ist die Freischaltung der Funktion in den Firmenkonstanten unter **Bearbeiten → Firmenangaben → Warenwirtschaft → Preise**. Hier können Sie die Funktion der Staffelpreise freigeben und gleichzeitig auch die Abstufung der Mengen eingeben, ab denen ein günstiger Preis gelten soll. Dabei können Sie bis zu 3 Mengenstaffeln festlegen.[43]

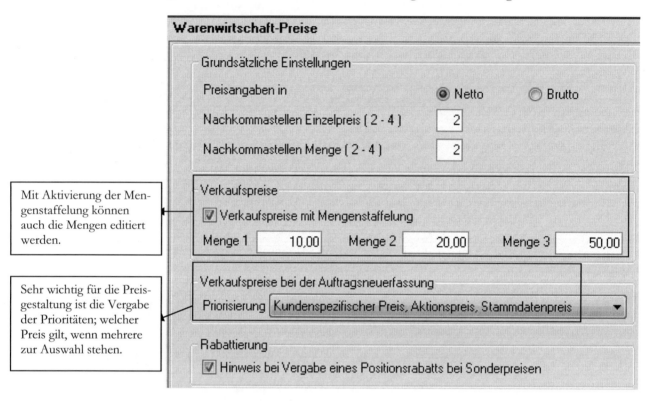

Mit Aktivierung der Mengenstaffelung können auch die Mengen editiert werden.

Sehr wichtig für die Preisgestaltung ist die Vergabe der Prioritäten; welcher Preis gilt, wenn mehrere zur Auswahl stehen.

WARENWIRTSCHAFT - PREISE. Sobald Sie das Häkchen für die Verkaufspreise mit Mengenstaffel gesetzt haben, können Sie auch die Mengen ändern.

Bitte bedenken Sie bei der Eingabe der Mengen, dass die hier gewählte Abstufung für alle Artikel gilt und Sie nicht für einzelne Artikel unterschiedliche Staffeln verwenden können.

📖 **Praxistipp**

Was allerdings möglich ist, um eine unterschiedliche Abstufung zu erreichen, ist es, bei mehreren Staffeln denselben Preis einzutragen. Nehmen wir an, Sie wollen bei einem Artikel nur folgende Preisstaffelung: ab 1 Stück, ab 10 Stück, ab 20 Stück, dann tragen Sie einfach bei 50 Stück nochmals den Einzelpreis bei 20 Stück ein.

Nach der Freigabe der Staffelpreise steht Ihnen diese Möglichkeit im Artikelstamm für jeden Artikel unter **Warenwirtschaft → Artikel → Warengruppe/Preise** zur Verfügung und kann wiederum für jeden einzelnen Artikel frei geschaltet (erfolgt automatisch mit der Änderung in den Firmenangaben) oder gesperrt werden (einfach im Artikelstamm das Häkchen für die Mengenstaffel entfernen).

---

[43] Zusammen mit dem Einzelpreis ergibt sich damit ein 4-stufiges System.

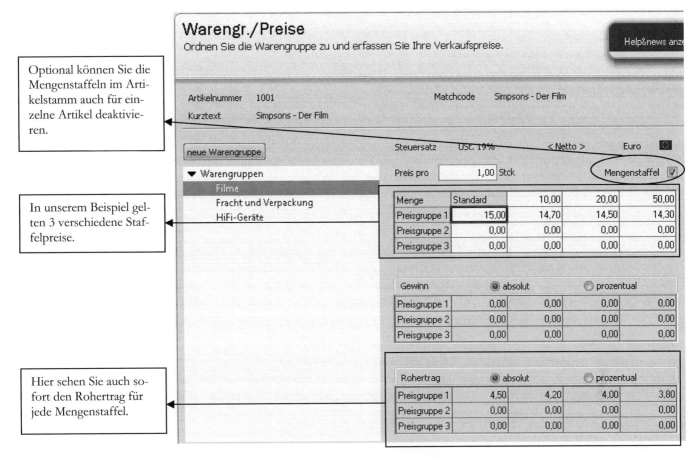

Optional können Sie die Mengenstaffeln im Artikelstamm auch für einzelne Artikel deaktivieren.

In unserem Beispiel gelten 3 verschiedene Staffelpreise.

Hier sehen Sie auch sofort den Rohertrag für jede Mengenstaffel.

ARTIKELSTAMM - STAFFELPREISE. Sie im Artikelstamm die Staffelpreise deaktivieren oder für die einzelnen Mengenstaffeln die für diesen Artikel gültigen Staffelpreise eintragen.

Sobald Sie Staffelpreise erfasst haben, prüft das Programm bei der Vorgangserfassung automatisch ab, welcher Preis für die eingegebene Menge gültig ist.

📖 **Praxistipp**

Dabei ist es empfehlenswert, gerade in der Zeit nach der Umstellung der Preise, die Preisermittlung im Auftrag zu prüfen. Besonders bei größeren Datenbeständen schleichen sich an dieser Stelle gerne Fehler ein.

Individuelle Preise und Rabatt im Kundenstamm

Während die Mengenstaffel für jeden Kunden zur Anwendung kommt, haben Sie im Kundenstamm die Möglichkeit, rein für den ausgewählten Kunden gültige Preise und Rabatte einzugeben. Dabei unterscheidet das Programm zwischen dem unter **Kunden → Rechnungsstellung** eingegebenen Rabatt, der für alle Artikel gilt, und einem(r) unter **Kunden → Kundenpreisliste** erfassten Sonderpreis oder einer Sonderpreisstaffel, die nur für diesen Kunden und hier auch nur für den einen, ausgewählten Artikel gilt.

Wir erfassen als erstes für unseren Kunden Deutsches Theater einen Rabatt in Höhe von 5%.

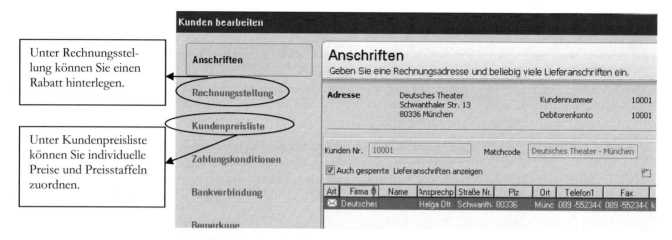

Unter Rechnungsstellung können Sie einen Rabatt hinterlegen.

Unter Kundenpreisliste können Sie individuelle Preise und Preisstaffeln zuordnen.

KUNDENSTAMM. Im Kundenstamm können Sie sowohl einen generellen Rabatt, als auch individuelle Sonderpreise erfassen.

Unter Rechnungsstellung können Sie den Kundenrabatt eintragen.

Der hier erfasste Rabatt gilt für diesen Kunden für alle Artikel.

KUNDE - RECHNUNGSSTELLUNG. Tragen Sie hier einen Rabatt ein, der unabhängig vom gekauften Artikel generell für diesen Kunden gültig ist.

Unter Kundenpreisliste können Sie Sonderpreise /-staffeln erfassen.

Der hier erfasste Sonderpreis gilt nur für diesen Kunden und den ausgewählten Artikel.

KUNDENPREISLISTE. In der Kundenpreisliste können Sie für den ausgewählten Kunden für jeden beliebigen Artikel individuelle Preise und Staffelpreise erfassen. Ein wenig gewöhnungsbedürftig ist die Feldbezeichnung mit Standardpreis, obwohl es sich hier um einen Sonderpreis handelt.

Mit einem Mausklick auf den blauen Infobutton werden Standardpreis und Staffelpreise angezeigt, sofern für diesen Artikel Staffelpreise zugeordnet wurden.

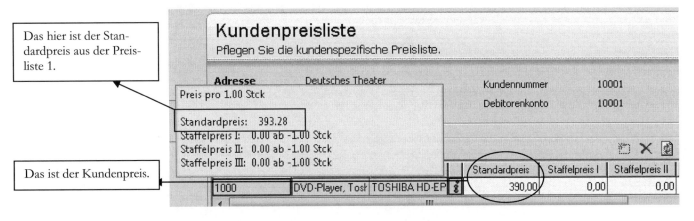

Das hier ist der Standardpreis aus der Preisliste 1.

Das ist der Kundenpreis.

KUNDE – ÜBERSICHT STAFFELPREISE. Mit Hilfe des blauen Infobuttons können Sie die Listen- und Staffelpreise einblenden, soweit bereits erfasst.

Zur Kontrolle Ihrer individuellen Kundenpreise haben sie die Möglichkeit, unter **Verwaltung → Kundenpreisliste** nachzuprüfen, für welchen Kunden individuelle Preise erfasst wurden.

Lernzielkontrolle

☺ **Testen Sie Ihr Wissen**

1) Wo legen Sie einen Staffelpreis für einen Artikel an?

2) Wenn Sie mit unterschiedlichen Sonderkonditionen arbeiten, wo legen Sie fest, welcher Preis Priorität hat?

3) Können Sonderpreise rabattiert werden?

4) Für wen gilt eine Mengenstaffel im Artikelstamm?

5) Wo können Sie zwischen Bruttopreis und Nettopreis unterscheiden?

Praktische Übungen

⌨ **Tastaturübungen**

1) Hinterlegen Sie bei unserem Kunden D10001 (Deutsches Theater) einen Rabatt in Höhe von 5%.

2) Gewähren Sie dem Deutschen Theater einen Sonderpreis für die DVD Die Simpsons in Höhe von 14,90 (statt 15,00).

3) Hinterlegen Sie bei Die Simpsons eine Mengenstaffel mit folgenden Preisen: ab 10 Stück EUR 14,70, ab 20 Stück EUR 14,50, ab 50 Stück 14,30.

4) Erfassen Sie einen neuen Auftrag für das Deutsche Theater, Datum 01.02.09 mit folgenden Positionen: 2x DVD Player, 5x Die Simpsons; prüfen Sie die Preise im Auftrag.

5) Welchen Preis zahlt der Kunde für den Film Die Simpsons tatsächlich?

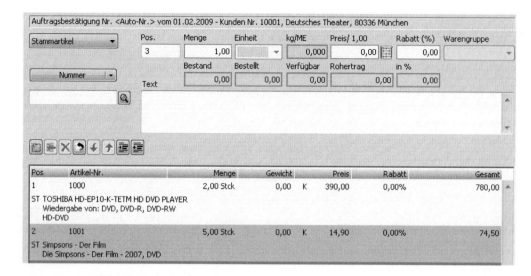

AUFTRAG MIT SONDERPREISEN. In diesem Auftrag werden automatisch die im Kundenstamm hinterlegten Kundenpreise gezogen.

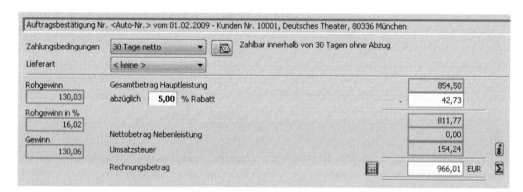

AUFTRAG MIT RABATT. Wie Sie sehen, wird der Rabatt auch auf den Kundenpreis gewährt.

Auftragsbestätigung Nr. 20090004

Pos	Menge		Text	Einzelpreis EUR	Gesamtpreis EUR
1	2,00	Stck	TOSHIBA HD-EP10-K-TETM HD DVD PLAYER Wiedergabe von: DVD, DVD-R, DVD-RW HD-DVD CD, CD-R, CD-RW Farbe: Schwarz Abm.: (B xH x T) 430 x 65.5 x 345 mm Anschlüsse: 2 Kanal Audio (Analog) Digital Audio (optisch) Komponenten Video Ausgang Composite Video Ausgang S-Video Ausgang HDMI Ethernet Anschluss (RJ45) 2 x Erweiterungsanschlüsse	390,00	780,00
2	5,00	Stck	Simpsons - Der Film Die Simpsons – Der Film – 2007, DVD	14,90	74,50
Zwischensumme					854,50
abzgl. 5,00 % Gesamtrabatt					- 42,73
Gesamt Netto					811,77
zzgl. 19,00 % USt. auf				811,77	154,24
Gesamtbetrag					**966,01**

Zahlbar innerhalb von 30 Tagen ohne Abzug

Wie unser kleines Beispiel zeigt: Prüfen Sie Ihre Preisgestaltung sehr gewissenhaft.

Kapitel

11

Tipps und Tricks

Hier erhalten Sie einen Überblick über weitere, hilfreiche Funktionen im Programm.

In der Warenwirtschaft gibt es noch ein ganze Reihe von interessanten Funktionen, die wir noch nicht im Detail besprochen haben. Einige für das Tagesgeschäft hilfreiche Funktionen haben wir für Sie im Bereich Tipps und Tricks zusammengestellt.

Stammdaten ändern

Gleich zu Beginn ein hilfreiches Instrument zur Überarbeitung bereits erfasster Daten. Mit Hilfe der Stammdatenänderung können Sie beinahe jedes Feld im Artikel-, Kunden- oder Lieferantenstamm automatisch ändern. Das ist insbesondere bei größeren Datenbeständen eine große Hilfe. In unserem Beispiel haben wir einen neuen Rahmenvertrag mit UPS geschlossen und wollen für alle Kunden die Lieferart entsprechend ändern.

📁 **Wichtig**

Bevor Sie eine so genannte Schnelländerung durchführen, erstellen Sie bitte grundsätzlich eine Datensicherung. Sobald die Änderung übernommen ist, kann Sie nicht mehr rückgängig gemacht werden, d.h. Sie sehen auch nicht mehr, welcher Wert vor der Änderung eingetragen war.

Wenn Sie zum ersten Mal auf diesem Weg eine Schnelländerung durchführen, mag es hilfreich sein, den kompletten Ablauf einmal in der Musterfirma durchzuspielen und sich erst danach im eigenen Datenbestand zu versuchen.

Legen Sie sich eine Liste mit den gewünschten Änderungen bereit und klären Sie vorab, ob alle Datensätze geändert werden sollen, oder nur bestimmte.[44] Bei einer Netzwerkinstallation prüfen Sie bitte außerdem, ob alle anderen Teilnehmer das Programm verlassen haben.

Erstellen Sie eine Datensicherung!

Starten Sie das Programm unter **Warenwirtschaft → Extras → Stammdatenänderung**.

---

[44] In unserem Beispiel könnten Sie ja auch sagen, ich will die Lieferart Versand per Post nur bei allen Kunden eintragen, die bisher per XY verschickt wurden, alle anderen bleiben unverändert.

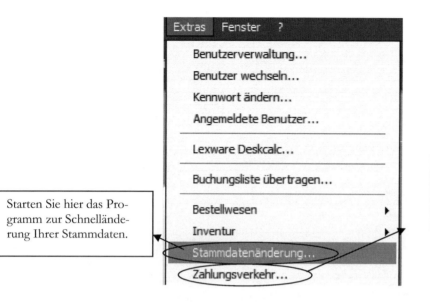

Starten Sie hier das Programm zur Schnelländerung Ihrer Stammdaten.

Den Zahlungsverkehr in der Warenwirtschaft sollten Sie nur nutzen, wenn nicht parallel im Buchhalter gearbeitet wird.

EXTRAS - STAMMDATENÄNDERUNG. Starten die Schnelländerung bitte erst nach erfolgreicher Datensicherung. Einmal übernommen, gibt es keine Möglichkeit, die Änderung rückgängig zu machen.

Auf der Willkommen Seite sehen Sie links die einzelnen Schritte und können sich so immer orientieren, wo in der Schnelländerung Sie gerade stecken. Rechts sehen Sie eine kurze Beschreibung des Programms. Ein Assistent führt Sie Schritt für Schritt durch das Programm. Anschließend wird dann noch, bevor Sie Ihre Änderungen übernehmen, ein Änderungsprotokoll angezeigt.

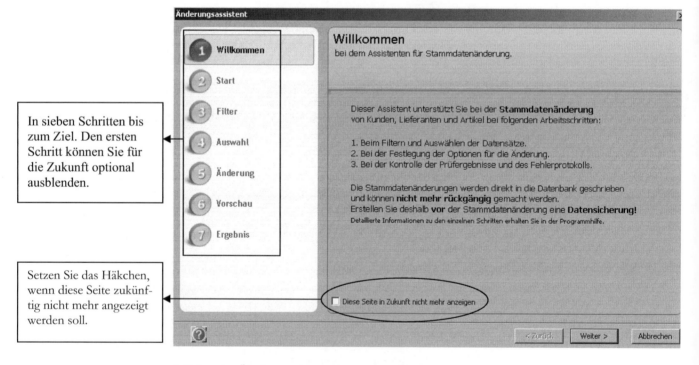

In sieben Schritten bis zum Ziel. Den ersten Schritt können Sie für die Zukunft optional ausblenden.

Setzen Sie das Häkchen, wenn diese Seite zukünftig nicht mehr angezeigt werden soll.

SCHNELLÄNDERUNG - WILLKOMMEN. Bitte lesen Sie den Text aufmerksam durch, bevor Sie Ihre erste Schnelländerung ausführen.

Auf der Startseite wählen Sie aus, in welchem Bereich Sie eine Änderung vornehmen wollen. Dabei stehen Ihnen Artikel-, Kunden- und Lieferantenstamm zur Verfügung. Eine Schnelländerung für Bewegungsdaten (Angebote, Aufträge,...) gibt es nicht.

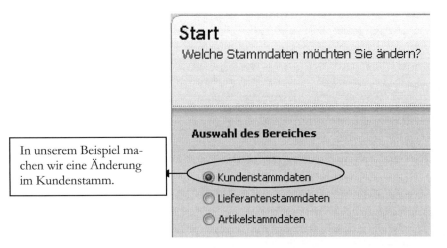

In unserem Beispiel machen wir eine Änderung im Kundenstamm.

STAMMDATENÄNDERUNG - BEREICHSAUSWAHL. In der Statistik können Sie die Umsätze für die unterschiedlichsten Fragestellungen darstellen.

Wir führen eine Änderung im Kundenstamm durch.[45] Nach der Auswahl des Bereiches haben Sie über einen Filter die Möglichkeit, ganz bestimmte Datensätze für die Änderung auszuwählen. Dabei können Sie ganz grob nach Matchcode oder Kundennummer filtern, oder ganz gezielt nach bestimmten Feldinhalten suchen, wie: wähle alle Kunden, die im Feld Telefon die Ziffernfolge 089 aufweisen. Auf Grund unseres sehr kleinen Datenbestandes setzen wir keine weiteren Filter.

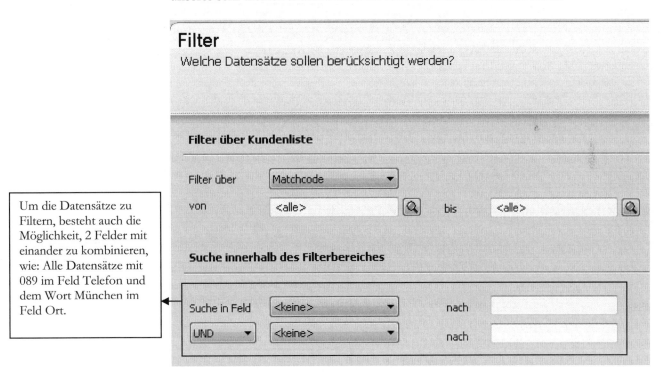

Um die Datensätze zu Filtern, besteht auch die Möglichkeit, 2 Felder mit einander zu kombinieren, wie: Alle Datensätze mit 089 im Feld Telefon und dem Wort München im Feld Ort.

FILTER. Der Filter gibt Ihnen die Möglichkeit, die Anzahl der Datensätze einzuschränken. Das ist vor allem bei größeren Datenbeständen eine wertvolle Hilfe, um wirklich zielorientiert zu arbeiten.

Wenn Sie im Filter keinerlei Einschränkungen eingeben kommt vom Programm noch eine Sicherheitsabfrage mit dem Hinweis, dass die Aufbereitung der Daten einige Minuten in Anspruch nehmen kann.

---

[45] Die Vorgehensweise ist immer gleich und lässt sich jederzeit auf die anderen Bereiche übertragen.

Bestätigen Sie mit ja, um fortzufahren. Wählen Sie nein, um zum Filter zurückzukehren.

HINWEIS. Dieser Hinweis wird nur angezeigt, wenn Sie im Filter keinerlei Einschränkungen eingegeben haben.

Die ausgewählten Datensätze werden am Bildschirm angezeigt. Sie haben jetzt noch die Möglichkeit, einzelne Datensätze von der Änderung auszunehmen, indem Sie das Häkchen vor dem Datensatz entfernen.

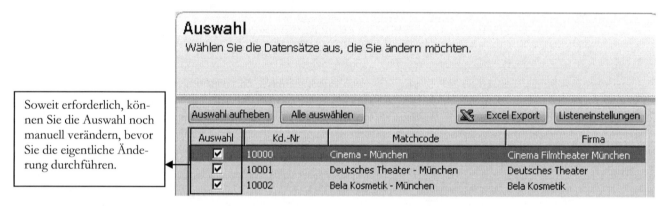

Soweit erforderlich, können Sie die Auswahl noch manuell verändern, bevor Sie die eigentliche Änderung durchführen.

AUSWAHL. Zur Überprüfung werden alle ausgewählten Datensätze am Bildschirm angezeigt.

Nach Abschluss der Auswahl können Sie jetzt die gewünschte Änderung erfassen.

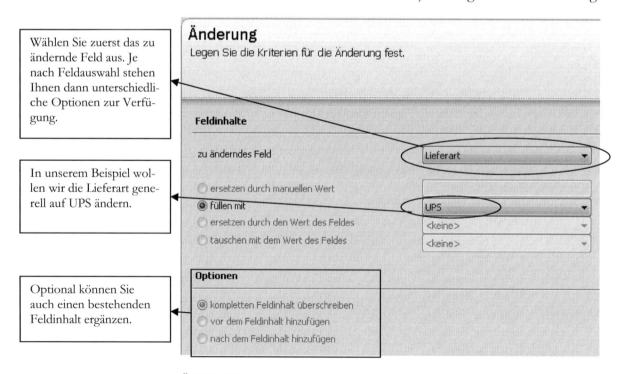

Wählen Sie zuerst das zu ändernde Feld aus. Je nach Feldauswahl stehen Ihnen dann unterschiedliche Optionen zur Verfügung.

In unserem Beispiel wollen wir die Lieferart generell auf UPS ändern.

Optional können Sie auch einen bestehenden Feldinhalt ergänzen.

ÄNDERUNG. Wählen Sie das zu ändernde Feld aus und geben Sie den neuen Feldinhalt an.

Wenn Sie die Änderungsvorgaben mit weiter bestätigen, erhalten Sie eine Übersicht, mit der Anzahl der in der Liste enthaltenen Kunden und den ersten Datensatz mit der Änderung (vorher/nachher). Bitte prüfen Sie die Daten sorgfältig und drucken Sie gegebenenfalls erst ein Prüfprotokoll[46], bevor Sie die Änderung durchführen. Wenn Sie diese Seite bestätigen, werden die Änderungen durchgeführt.

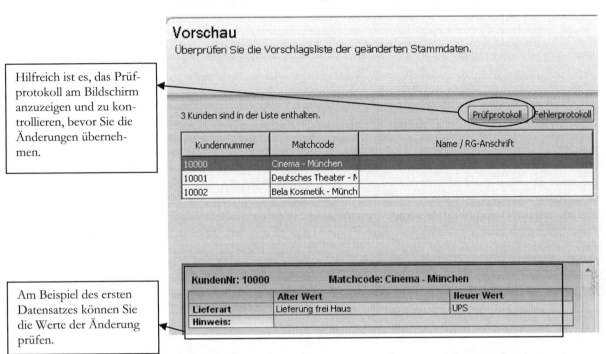

Hilfreich ist es, das Prüfprotokoll am Bildschirm anzuzeigen und zu kontrollieren, bevor Sie die Änderungen übernehmen.

Am Beispiel des ersten Datensatzes können Sie die Werte der Änderung prüfen.

VORSCHAU. In der Vorschau sehen Sie Ihre Änderung am Beispiel des ersten Datensatzes.

Im Prüfprotokoll können Sie die Änderungen noch komplett kontrollieren.

Im Prüfprotokoll ist jeder einzelne Kunde mit den Werten vorher / nachher aufgeführt.

PRÜFPROTOKOLL. In der Praxis kann es sinnvoll sein, das Prüfprotokoll zu drucken oder als PDF-Datei zu speichern, damit die Änderungen später nachvollziehbar sind.

---

[46] Je nach Firma kann es sein, dass alle Änderungen in den Stammdaten zwingend zu dokumentieren sind. In diesem Fall muss das Prüfprotokoll gedruckt und archiviert werden.

Jetzt kommt eine allerletzte Sicherheitsabfrage. Bis zu diesem Zeitpunkt können Sie die Änderung immer noch abbrechen. Sobald Sie diese Meldung bestätigen, wird die Änderung in die Datenbank geschrieben.

Bestätigen Sie mit Ja, um die Änderung durchzuführen, wählen Sie nein, um abzubrechen.

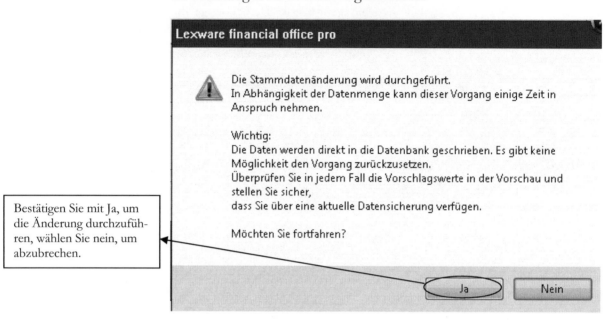

SICHERHEITSABFRAGE. Mit Bestätigung der Meldung wird die Schnelländerung durchgeführt.

Im Ergebnis sehen Sie, wie viele Datensätze geändert wurden und ob dabei Fehler aufgetreten sind.

Hier haben Sie nochmals die Möglichkeit, ein Prüfprotokoll oder ein Fehlerprotokoll zu drucken.

Hier sehen Sie, wie viele Datensätze geändert wurden und wie viele Fehler dabei aufgetreten sind.

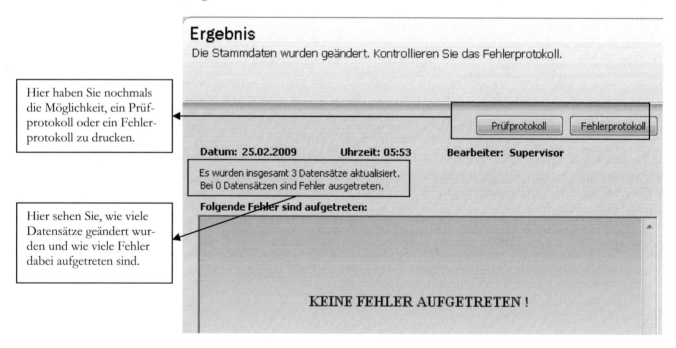

ERGEBNIS. Sollte es bei der Änderung zu Fehlern kommen, werden diese im Fehlerprotokoll aufgeführt.

🗁 **Wichtig**

Die Stammdatenänderung kann eine individuelle Datenpflege nur unterstützen, nicht ersetzen. Nicht alle Felder lassen sich mit Hilfe dieser Schnelländerung sinnvoll pflegen. So macht es beispielsweise wenig Sinn, die Telefonnummern auf diesem Wege nachzupflegen.

Optionen

Unter **Warenwirtschaft** → **Extras** → **Optionen** können Sie verschiedene Programmeinstellungen vornehmen, die die tägliche Arbeit erleichtern. Wir wollen die wichtigsten detailliert besprechen, weniger häufig verwendete nur kurz ansprechen und Ihren Anwendungsbereich erläutern.

Wenn Sie unter Allgemein das Häkchen setzen, wird beim Programmstart automatisch die zuletzt bearbeitete Firma geöffnet. Andernfalls landen Sie in der Firmenauswahl.

Für diese sieben Bereiche können Sie Optionen festlegen.

Wenn Sie mit Bestandsartikeln arbeiten, empfehle ich Ihnen, den Hinweis zu aktivieren. Sobald Sie den Artikel dann in einem Vorgang aufrufen, bekommen Sie einen entsprechenden Hinweis.

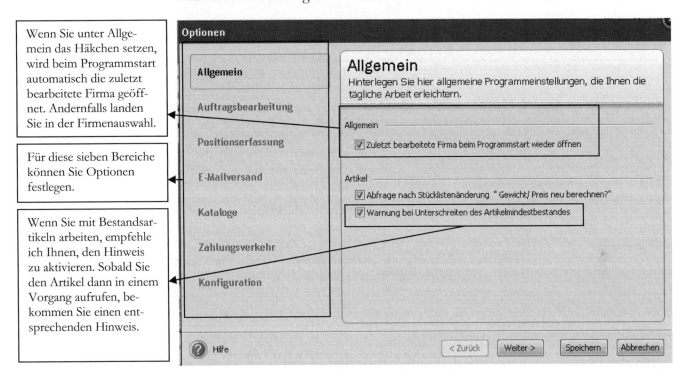

OPTIONEN - ALLGEMEIN. Stellen Sie hier ein, welche der allgemeinen Optionen Sie nutzen wollen.

Im Bereich Auftragsbearbeitung haben Sie die Möglichkeit, sowohl Programmfunktionen für die Vorgangserfassung festzulegen, als auch Vorschlagswerte für Standardfelder im Vorgang selbst vor zu belegen. Für weitere Informationen drücken Sie **F1** für die **Hilfe**[47] oder klicken Sie links unten auf das blaue Fragezeichen.

---

[47] An dieser Stelle kommt man mit der Hilfe ganz gut weiter ☺.

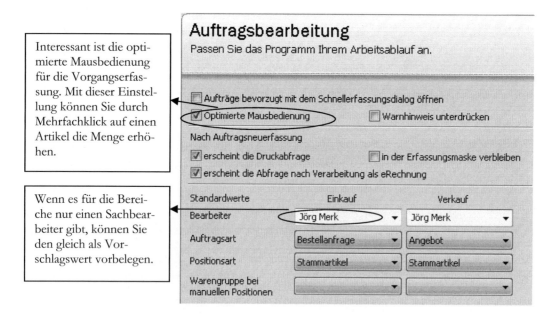

Interessant ist die optimierte Mausbedienung für die Vorgangserfassung. Mit dieser Einstellung können Sie durch Mehrfachklick auf einen Artikel die Menge erhöhen.

Wenn es für die Bereiche nur einen Sachbearbeiter gibt, können Sie den gleich als Vorschlagswert vorbelegen.

OPTIONEN – AUFTRAGSBEARBEITUNG. Hier können Sie bestimmte Voreinstellungen wählen, die in der Vorgangserfassung vorbelegt werden, aber jederzeit geändert werden können.

Besonders interessant in diesem Bereich ist die optimierte Mausbedienung. Mit dieser Einstellung können Sie:

- durch mehrfachen Mausklick auf denselben Artikel die Positionsmenge erhöhen.
- durch Klicken auf einen anderen Artikel den vorherigen Artikel in die Positionsliste übernehmen.

Die Warnhinweise sollten Sie erst unterdrücken, wenn Sie wirklich fit sind in den einzelnen Anwendungen. Bis dahin empfehle ich Ihnen, die Hinweise aufmerksam zu lesen, bevor Sie ein entsprechendes Programm aufrufen.

Positionserfassung

Bestimmen Sie, auf welchen Feldern der Cursor bei der Positionserfassung stoppen soll.

Tabstopp	Stammartikel	manuelle/Katalogartikel
Positionsart	☑	☑
Artikel	☑	☐
Katalog	☐	☑
Menge	☑	☑
Einheit	☐	☑
kg/ME	☐	☑
Preis	☑	☑
Rabatt	☑	☑
Warengruppe	☐	☑
Text	☑	☑
Bestätigen	☑	☑
Verwerfen	☑	☑

OPTIONEN – POSITIONSERFASSUNG. Hier können Sie wählen, welche Felder bei der Verwendung des Tabulators angesprungen werden sollen.

Wenn Sie statt mit der Maus lieber mit der Tastatur arbeiten, haben Sie in den Optionen unter Positionserfassung die Möglichkeit, festzulegen, welche Felder mit dem Tabulator angesprungen werden sollen und welche nicht. Die grau unterlegten Felder sind in der Positionserfassung vom Programm her gesperrt und können in der Vorgangserfassung generell nicht geändert werden.

Unter E-Mail[48] Versand haben Sie die Möglichkeit, einen eigenen E-Mail Client zu hinterlegen. Außerdem können Sie beim E-Mailversand optional ein eigenes Formular hinterlegen. Das ist vor allem dann sinnvoll, wenn Sie im Standard auf Briefpapier drucken, in der E-Mail (bzw. im PDF-Drucker) aber kein Briefpapier hinterlegen können. Dann haben Sie in der Warenwirtschaft auch die Möglichkeit, ein eigenes Formular mit Firmenlogo und allen relevanten Firmendaten anzulegen und dieses dann für den E-Mailversand fest zuzuordnen.

Diese Option ist nur sinnvoll, wenn Sie Dokumente in der Regel an einen Empfänger mailen, der auch im Kunden- oder Lieferantenstamm mit seiner E-Mail eingetragen ist.

In der Regel werden Sie Ihren Standard E-Mail Client verwenden.

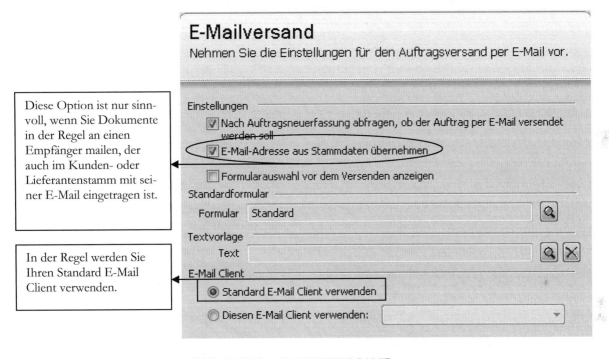

OPTIONEN – E-MAILVERSAND. Wählen Sie hier die für Ihre Bedürfnisse optimalen Optionen für den Mailversand aus.

Auf den Bereich Kataloge möchte ich an dieser Stelle nicht weiter eingehen, denn die Einstellungen sind sehr individuell und stark vom Lieferanten abhängig. In der Hauptsache ist der Bereich Kataloge für die Datanormschnittstelle gedacht, die im Handwerk[49] sehr verbreitet. Und für diese Zielgruppe gibt es eine eigene Lösung, das Lexware financial office pro handwerk.

Darüber hinaus kann die Katalogschnittstelle auch individuell konfiguriert werden, aber das würde den Rahmen dieser Schulungsunterlage sprengen.

---

[48] Immer mehr Kunden wünschen sich Angebot und Auftragsbestätigung per Mail, weil Sie die E-Mail direkt an Ihrem Arbeitsplatz empfangen können und die Qualität in der Regel besser ist, als beim Fax.

[49] Im Handwerk gibt es einige spezielle Anforderungen, die mit diesem Programm nicht abgedeckt werden können. Es würde den Rahmen dieses Schulungshandbuches sprengen, diesen Bereich weiter auszuführen, da der Handwerker nicht der typische Kunde für dieses Programm ist. Den Bereich Datanorm werden wir in unserem Schulungshandbuch zur Handwerkslösung ausführlich behandeln.

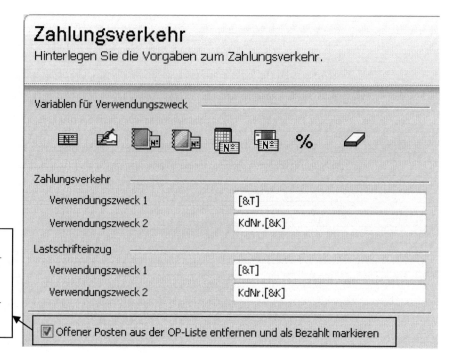

Setzen Sie das Häkchen, wenn Sie die Offenen Posten bereits bei Weitergabe der Lastschriften automatisch aus der OP-Liste entfernen wollen.

OPTIONEN – ZAHLUNGSVERKEHR. In der Regel können Sie die Einstellungen für den Zahlungsverkehr 1:1 übernehmen und bei Bedarf ändern, wenn Sie den Zahlungsverkehr das erste Mal benutzen.

Nach dem Zahlungsverkehr kommt als letztes der Bereich Konfiguration. Hier haben Sie die Möglichkeit, die Menüstruktur individuell auf Ihre Bedürfnisse anzupassen und alle Programmpunkte und Menüzweige auszublenden, mit denen Sie nicht arbeiten wollen. Bitte legen Sie dafür ein eigenes Profil an, dass Sie dann auch unter einem anderen Namen speichern.

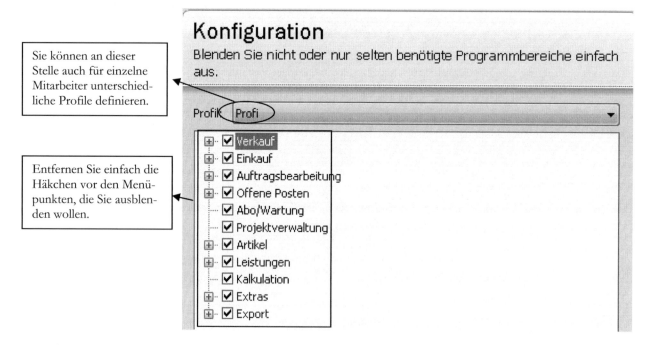

Sie können an dieser Stelle auch für einzelne Mitarbeiter unterschiedliche Profile definieren.

Entfernen Sie einfach die Häkchen vor den Menüpunkten, die Sie ausblenden wollen.

OPTIONEN – KONFIGURATION. Hier können Sie einzelne Programmpunkte oder ganze Menüzweige einfach ausblenden, indem Sie das jeweilige Häkchen entfernen. Eine nachträgliche Änderung ist jederzeit möglich.

Mahnungen

Leider ist es in der heutigen Zeit immer häufiger notwendig, säumige Kunden zur Zahlung aufzufordern. So bleibt, sofern Sie nicht alle Kunden auf Vorkasse oder Bankeinzug umstellen können, nur die Möglichkeit, regelmäßig Mahnungen zu schreiben und überfällige Rechnungen zum Inkasso[50] weiterzugeben.

Unter **Warenwirtschaft → Extras → Mahnwesen** können Sie nach Ihren eigenen Vorgaben Mahnungen direkt aus dem Programm verschicken. Dabei können Sie jede offene Rechnung eines Kunden einzeln anmahnen, oder mehrere Rechnungen in einer Mahnung zusammenfassen.

In diesem Zusammenhang ist es natürlich hilfreich, wenn Sie auch die Zahlungseingänge im Programm erfassen, aber das ist nicht zwingend.

Hier können Sie wahlweise eine Mahnvorschlagsliste oder gleich die Mahnungen drucken.

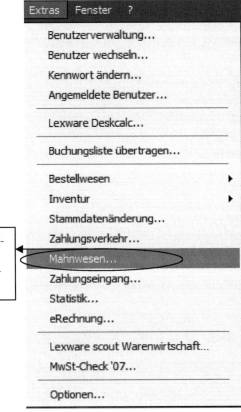

MAHNWESEN. Optional können Sie das Mahnwesen auch in der Warenwirtschaft nutzen.

Insbesondere, wenn die Buchhaltung beim Steuerberater gemacht wird, ist es für den Unternehmer hilfreich, in der Warenwirtschaft das Mahnwesen zu nutzen.

---

[50] Dabei sei die Bemerkung erlaubt, dass die Inkassofirmen viel Geld verlangen und letztendlich als letzte Möglichkeit auch nur einen gerichtlichen Mahnbescheid beantragen können. Da Sie als Auftraggeber erst einmal für diese Kosten aufkommen müssen, empfehle ich Ihnen in solchen Fällen lieber direkt beim Amtsgericht in Coburg einen Mahnbescheid zu beantragen. Das geht inzwischen (die Mahnbescheide wurden bundesweit in Coburg zusammengefasst) online unter www.mahnverfahren.nrw.de , kostet einen Bruchteil dessen, was ein Inkassounternehmen verlangt und Sie kommen in der Regel deutlich schneller zu Ihrem Geld.

Sie können 3 Mahnstufen nutzen, plus Inkasso.

In der Regel fassen Sie alle offenen Rechnungen eines Kunden in einer Mahnung zusammen und berücksichtigen auch die Gutschriften.

Geben Sie einen Mindestbetrag vor. Es lohnt nicht, wegen einigen Cent zu mahnen.

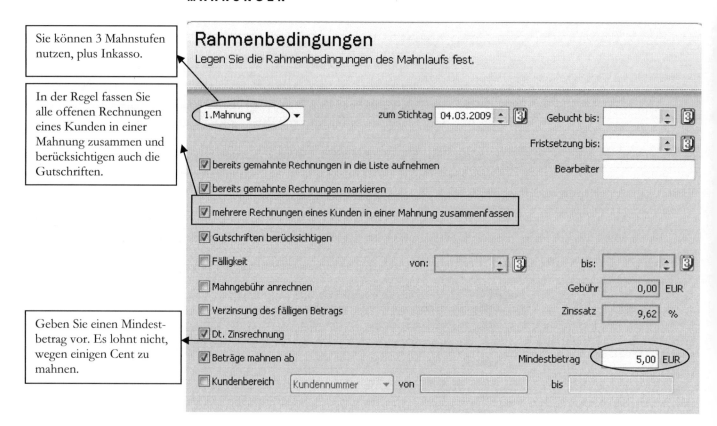

Rahmenbedingungen

Legen Sie die Rahmenbedingungen des Mahnlaufs fest.

1.Mahnung

zum Stichtag 04.03.2009   Gebucht bis:

Fristsetzung bis:

Bearbeiter

☑ bereits gemahnte Rechnungen in die Liste aufnehmen

☑ bereits gemahnte Rechnungen markieren

☑ mehrere Rechnungen eines Kunden in einer Mahnung zusammenfassen

☑ Gutschriften berücksichtigen

☐ Fälligkeit   von: bis:

☐ Mahngebühr anrechnen   Gebühr   0,00   EUR

☐ Verzinsung des fälligen Betrags   Zinssatz   9,62   %

☑ Dt. Zinsrechnung

☑ Beträge mahnen ab   Mindestbetrag   5,00   EUR

☐ Kundenbereich   Kundennummer   von   bis

MAHNUNGEN - RAHMENBEDINGUNGEN. Wählen Sie hier die Bedingungen und Termine für die Mahnungen aus. Die Einstellungen sind sehr individuell und können natürlich von unserem Vorschlag abweichen.

Die Einstellungen sind von Firma zu Firma unterschiedlich. Der Eine verlangt Mahngebühren, der Andere nicht. Hilfreich ist es in jedem Fall, einen Mindestmahnbetrag festzulegen. Auch das Mahnen kostet Zeit und Geld und sollten nicht, wegen wenigen Cent den Aufwand betreiben. Ob Sie jetzt sagen, ich mahne ab 5 Euro oder die Grenze höher oder niedriger setzen, bleibt Ihnen überlassen.

Nachdem Sie alle Eingaben gemacht haben, können Sie sich den Mahnvorschlag anzeigen lassen und prüfen. Sie können jederzeit einzelne Belege aus dem Mahnlauf rausnehmen, wenn beispielsweise eine Reklamation läuft oder Sie die Dinge bei bestimmten Kunden lieber telefonisch klären wollen.

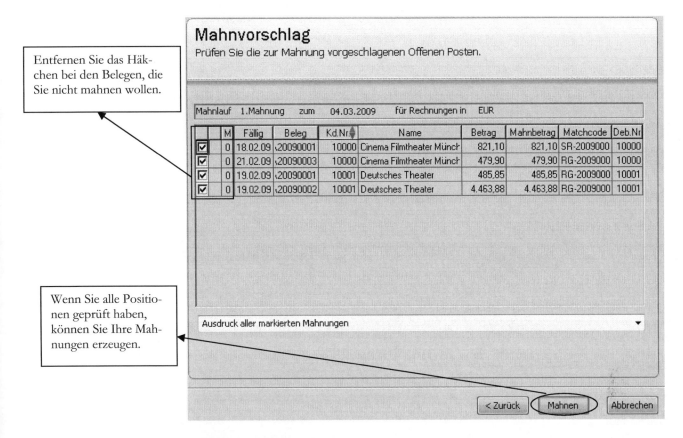

Entfernen Sie das Häkchen bei den Belegen, die Sie nicht mahnen wollen.

Wenn Sie alle Positionen geprüft haben, können Sie Ihre Mahnungen erzeugen.

MAHNVORSCHLAG. Sie können jetzt entweder eine Mahnvorschlagsliste oder gleich die Mahnungen drucken.

Lernzielkontrolle

☺ **Testen Sie Ihr Wissen**

1) Welche Daten können Sie über die Stammdatenänderung ändern?

2) Erklären Sie mit eigenen Worten die einzelnen Schritte bei einer Schnelländerung.

3) Welche Funktionalität verbirgt sich hinter der optimierten Maussteuerung?

4) Wo können Sie diese einstellen?

5) Wie viele Stufen bietet das Mahnwesen in der Warenwirtschaft?

6) Was ist der Unterschied zwischen einer Mahnung und einem Mahnbescheid?

Praktische Übungen

⌨ Tastaturübungen

1) Ändern Sie die Lieferart im Kundenstamm auf Lieferung per Postversand mit Hilfe einer Schnelländerung.

2) Passen Sie unter Optionen die Menüstruktur optimal auf Ihre Bedürfnisse an und speichern Sie die Einstellungen als Benutzerdefinierte Konfiguration.

3) Drucken Sie eine Mahnvorschlagsliste mit allen offenen Rechnungen.

Fragen und Aufgaben

In diesem Kapitel finden Sie Fragen und praktische Übungen zur Vertiefung.

W ir haben im Folgenden noch einige Fragen und Übungsaufgaben für Sie zusammengestellt. Erfassen Sie die Belege im Februar bzw. März des Jahres 2009.

Lernzielkontrolle

☺ **Testen Sie Ihr**

   Wissen

1) Warum sollten Sie in der Lexware warenwirtschaft pro zu Beginn einen neuen Mandanten anlegen nicht den Demomandaten als Vorlage nutzen?

2) Wo stellen Sie die Belegnummern für Angebote, Aufträge,... ein?

3) Wann werden in der Lexware warenwirtschaft pro 2009 Offene Posten erzeugt?

4) Welche Möglichkeiten der Preisgestaltung in der Lexware warenwirtschaft pro kennen Sie?

5) Wie erfassen Sie einen Wareneingang?

6) Warum ist es in der Lexware warenwirtschaft pro 2009 nicht sinnvoll, Eingangsrechnungen automatisch in die Buchhaltung zu übernehmen?

Praktische Übungen Februar 2009

📓 **Tastaturübungen**

1) Erstellen Sie eine Datensicherung.

2) Legen Sie folgenden Kunden mit der Nummer **10003** an:

Fachbuch Holzer GmbH
Durschstr. 93
78628 Rottweil
Tel.: 0741-6972
Fax: 0741-6971
Mail: info@holzer.de
Internet: www.holzer.de
Zahlungskonditionen: 14 Tage 2%, 30 Tage netto
Ansprechpartner: Frau Böhm.

3) Legen Sie folgenden Kunden neu an:

10004   Software Trading Mch GmbH

Eugen-Sänger-Ring 13
85649 Brunnthal
Tel. 089/630261-0
Fax 089/630261-22
Mail: vertrieb@software-trading.de
Internet: www.software-trading.de
Ansprechpartner: Martin Zmatlik
Zahlungskonditionen: 10 Tage 2%, 20 Tage netto

4) Legen Sie folgenden Lieferanten mit der Nummer **70002** an:

Liebl – Holzhandlung Sägewerk
Robert Liebl
Zur Kehrmühle 3
85435 Erding
Tel.: 08122-14197
Mail: info@holz-liebl.de
Internet: www.holz-liebl.de
Zahlungskonditionen: 14 Tage netto
Bankverbindung: Dresdner Bank AG, Erding,
BLZ 700 800 00, **Kto.** 85964258
BIC DRESDEFF746
IBAN DE76700800000085964258
Ansprechpartner: Robert Liebl

5) Erfassen Sie folgenden Artikel neu:
Artikelnummer: 10002   Lieferant: Conrad Electronic
Bezeichnung: Verstärker KA-1235, 12 Kanal
Zusatztext: Ausgangsleitung Sinus/Max 12 x 50/12 x 85 W an 4 Ω, 12 x 35/65 W an 8 Ω

Mengeneinheit: Stück   Artikelgruppe, HiFi-Geräte
EK und MEK: € 499,00   VK1: € 623,75

6) Schreiben Sie mit Belegdatum 05.02.2009 für Software-Trading Mchn GmbH ein Angebot für 5 DVD Player mit Stereolautsprechern und geben Sie 5% Rabatt auf die Summe.

7) Übernehmen Sie das Angebot am 07.02.2009 direkt in eine Rechnung und ergänzen Sie den Film "Die Simpsons – Der Film", 5 Stück.

8) Schreiben Sie eine Rechnung an Cinema Filmtheater mit Belegdatum 27.02.2009 über 500 DVDs Die Simpsons – Der Film.

9) Drucken Sie das Rechnungsausgangsbuch zum 28.02.2009.

10) Übernehmen Sie die Buchungsliste für den Februar.

11) Drucken Sie eine Kundenumsatzliste.

Praktische Übungen März 2009

1) Legen Sie folgenden Kunden neu an:

   D10005   Neue Welt Verlag GmbH
   Brawaweg 5
   85465 Langenpreising
   Tel.: 08762-7265890   / Fax: 08762-7265891
   Mail: info@neueweltverlag.de
   www.neueweltverlag.de
   Ansprechpartner: Jörg Merk
   Zahlungskonditionen: 10 Tage netto

12) Legen Sie folgenden Lieferanten neu an:

   70005   Räder Gangl GmbH & Co. KG
   Waltherstr. 23
   80337 München
   Tel.: 089-54369-0
   Fax: 089-54369-300
   Ansprechpartner: Frau Hötzel
   Mail: hoetzel@raedergangl.de
   Internet: www.raedergangl.de
   Zahlungskonditionen: 14 Tage 3%, 30 Tage netto
   Bankverbindung:
   Hypo-Vereinsbank München
   BLZ: 70020270
   Konto: 6920037672
   Unsere Kundennummer beim Lieferanten: 54266

13) Schreiben Sie eine Rechnung an D10005, Neue Welt Verlag, mit folgenden Positionen:
   5 Verstärker
   5 DVD Player
   5 Die Simpsons

   Belegdatum: 14.03.2009

14) Drucken Sie das Rechnungsausgangsbuch zum 31.03.2009.

Nachwort

Wir haben diese Seminarunterlagen mit sehr viel Freude und Sorgfalt erstellt. Sollten sich Fehler eingeschlichen haben, so freuen wir uns über Ihre Hinweise unter:

info@neue-welt-verlag.de

Selbstverständlich freuen wir uns auch über Lob, Anregungen, Wünsche und Kritik. Wir werden Ihre Wünsche und Anregungen dann, soweit möglich, in der nächsten überarbeiteten Auflage umsetzen.

Unter www.neue-welt-verlag.de eine Übersicht über weitere Schulungsunterlagen inkl. Erscheinungstermin und können dort auch unser aktuelles Bestellformular herunterladen. Dort finden Sie auch alle anderen Schulungsunterlagen aus unserem Angebot.

Folgende Titel gibt es für die Lexware pro 2009:

Lexware buchhalter pro 2009
ISBN 978-3-937957-70-8

Lexware warenwirtschaft pro 2009
ISBN 978-3-937957-71-5

Lexware lohn + gehalt pro 2009
ISBN 978-3-937957-72-2

Fallstudien vom Neue Welt Verlag:

Buchen nach Belegen in der GmbH, manuell, SKR03, SKR04 und IKR
ISBN 978-3-937957-39-5

Buchen nach Belegen in der Einzelfirma, manuell, SKR03, SKR04 und IKR
ISBN 978-3-937957-40-1

Alle Bücher können direkt beim Verlag oder über den Buchhandel bestellt werden. Kopierlizenzen (für Fachhändler und Schulen) gibt es nur direkt über den Verlag unter: www.neueweltverlag.de oder per Mail an info@neueweltverlag.de.

Die CDs mit den Lösungsmandanten gibt es ebenfalls nur direkt beim Verlag.

Neuerscheinung:

IDEA von Audicon – Auf Augenhöhe mit den Prüfern

Im Schulungshandbuch für IDEA 7 lernen Sie die Einsatzgebiete und den Aufbau der Software kennen. An Hand von Musterdaten werden Sie dabei aus der Sicht eines Anwenders/Prüfers Schritt für Schritt durch das Programm geführt, vom ersten Programmstart, bis zur fertigen Auswertung.
Sie importieren Daten aus unterschiedlichen Quellen, in unserem Beispiel:
- Sage Classic Line 2008
- Lexware financial office pro 2008.

Dabei bekommen Sie einen Einblick in die Arbeit mit unterschiedlich strukturierten Daten.
Es werden sowohl Daten aus der Finanzbuchhaltung, als auch Daten aus der Lohnbuchhaltung eingelesen und ausgewertet. Am Ende jedes Kapitels finden Sie Fragen und Übungsaufgaben zur Lernzielkontrolle.

Zum Abschluss gibt es einen Ausblick auf die weiteren Möglichkeiten der Auswertung mit Hilfe von Makros. Dazu wird es ein weiteres Schulungshandbuch geben.

Im Buch enthalten ist eine CD mit den in unseren Übungen verwendeten Datenbeständen und einigen ausgewählten Vorträgen von der Audiconale 2008 in Köln, unter anderem von Bernhard Lindgens (Bundeszentralamt für Steuern, Bonn), Martin Henn (OFD Rheinland) und Stefan Groß (Peters, Schönberger und Partner).

ISBN 978-3-937957-84-5
EAN 9783937957845

Preis: EUR 39,90